人生を変える読書

人類三千年の叡智を力に変える

堀内勉

Gakken

はじめに

読書についての本を書こうと思い立ったのが、2021年に前著『読書大全——世界のビジネスリーダーが読んでいる経済・哲学・歴史・科学200冊（以下、読書大全）』（日経BP）を出版した直後で、それからもう2年以上の月日が経ってしまいました。

最初は、前著で書き切れなかった読書の方法論などについても書くつもりでしたが、いったん書き始めてみると、もう少し**「中身」に焦点を当てた深いものを書きたい**と思うようになりました。

本書を読んでいただくとわかりますが、私は読書の方法論にはほとんどこだわりがありません。人間生活の中には、茶道や華道のような様式美というものが明らかにあるとは思いますが、読書についてはそれにこだわる必要はない、というのが私の持論です。
途中から読み始めてもよいし、途中でやめてしまってもよいし、紙の本でも電子版でも構いませんし、マーカーで線を引いても書き込みをしても、とにかく好きなように読んでいただければよいと思っています。そうした意味で、速読術などの読書術的なことを期待されている方にとっては、本書は少々期待外れかもしれません。

私が本の読み方でただ一点こだわっているのは、**「人間」に焦点を当てた読書**ということです。これが冒頭でいった「中身」です。どのように本を読んでも構いませんが、読書する際には、自分の人生と照らし合わせて読んでもらいたい、そして少しでも生きる糧として活かしてもらいたいということです。

もう少し正確にいえば、本を読む動機づけは人それぞれで構いませんが、私が本書で訴えたかったのは、**本と真摯に向き合うことであなたの人生の振り返りができ、これからの人生をどう生きるかについて考えるきっかけができる**ということです。そして、そのための材料が良書の中にはたくさん詰まっていますよ、ということです。

本書の中でも書きましたが、畢竟《ひっきょう》、人間にもっとも大きな影響を与えるのは人間なのです。親や兄弟に始まり、好むと好まざるとにかかわらず、人との出会いこそがその人の人格を形づくっていきます。そして、読書はまさにそうした人との出会いそのものなのです。

「読書と人との出会いは違うのでは？」と思う方もいるかもしれません。でも、人との出会いというのは、直接会うことばかりではありません。本という媒体を通じて著者や登場人物と出会うこともまた、人との大切な出会いのひとつなのです。あなたが会いたい人に直接会って話を聞くのも、あなたが本を通じて著者と対話するのも、等しく人との出会いなのです。

私が教鞭を執っている多摩大学大学院のビジネススクールでは、2023年から「読書演習」というゼミ形式のクラスを始めました。そこでは、みんなで自分に大きな影響を与えた本を持ち寄って、なぜその本が自分にとって特別なものなのかについて議論をします。

受講生には、たんなる読んだ本の要約や感想や質問ではなく、自分の生き方とその本を照らし合わせてみて、自分にとって「どんなことが起こってもこれだけは本当だと思うこと」とは何かを考えてもらうようにしています。

修練とか鍛錬とかいう言葉を使うと、そこにいろいろな先入観が交じってしまうので、本書では**「心の体幹を鍛える」**という表現を使っていますが、本書を手に取ることで、読書を通じて人間としての練度を高めるための一助としていただければ幸いです。

第1章 人生を変える読書
——あなたはまだ本当の読書を知らない

第2章 生きるための読書
――不確実な人生を生き抜く力を手に入れる

第3章 好きから始める読書

――読書至上主義という思い込みを捨てる

第4章 対話としての読書
――既成概念の「枠組み」の外に出るために

STAFF
構成　Blue and Books
カバー・本文デザイン　三森健太（JUNGLE）
DTP　ディアグルーヴ
編集協力　渡邉秀樹
校正　株式会社聚珍社

序　章

自分を形づくる読書

――人格をつくりあげるのは
あなた自身である

「どんな本を読めばよいのか?」の答えとは

「どんな本を読めばよいですか?」

講演会やセミナーなどで、ビジネスパーソンや学生など、さまざまな方とお会いするたびに、必ずこのような質問をいただきます。

そのように聞かれる私はじつはかなり当惑している、というのが正直なところです。もちろん、お尋ねの意図が明確な場合には、できるだけその質問の意図に沿った形でお答えするようにしてはいますが……。

たとえば「ファイナンスの教科書で何かよいものはありませんか?」と聞かれれば、その方がファイナンスを勉強する目的や、現時点でのファイナンスの知識などを考慮したアドバイスを差し上げることはできます。ファイナンスの初心者ならまずはこの基本書を、ある程度の実務経験を積んだ上級者ならこの実務書を、という具合にです。

もし、みなさんが何か具体的な目的にかなう本を求めているのであれば、各分野に定番といわれる本がありますから、それぞれの分野にくわしい人に聞いたり、書評などを参考にしたりすればよいでしょう。

ただ、もっと一般的な質問として、「どんなものを読めばよいですか？」と聞かれてしまうと、簡潔に答えるのは難しくなります。

なぜなら、その方がどのような人で、これまでどのような人生を歩んでこられたのか、その中でどのような考えや価値観を身につけて、いまはどのような気持ちで生きていて、何を求めていらっしゃるのかをまったく存じ上げないからです。

非常に突き放した言い方をしてしまえば、「本当にそれが聞きたいのであれば、自分自身の胸に手を当てて聞いてみてください」としか答えられないのです。もちろん、それでは何も答えたことにはなりませんが……。

さはさりながら、「どのような本を読めばよいですか？」と聞かれる機会があまりに多いので、なぜそのような質問が多いのだろうかと、自分なりにその理由を考えてみました。「どのような本を読めばよいかは、どう考えても自分にしかわからないことのはずなのに、どうしてほかの人にそれを聞こうとするのだろうか？」と。

その結果、**むしろそうした問いの多さこそが、いまの時代がはらむ深刻な問題を浮き彫りにしているのではないか**と思うようになりました。

つまり、

「自分が何をしたいのかがわからない」
「自分が何をするべきなのかを、誰かに教えてもらいたい」
「自分が何を好きなのかがわからない」
「自分が何を好きであるべきなのかを、誰かに教えてもらいたい」

という姿勢が、世の中に広く蔓延していることの表れなのではないかと思い至ったのです。

人々の不安と欲望を駆り立てる社会

この問題意識は、2022年からNHKで放映されているドキュメンタリーシリーズ『世界サブカルチャー史　欲望の系譜』で、取り上げられているテーマにも通じています。

この番組は、いろいろな研究会でご一緒させていただいている、NHK番組『欲望の資本主義』シリーズでも有名な丸山俊一プロデューサーが手掛けているもので、1950年代から1990年代にかけての超大国アメリカの変化を、映画、ポップス、流行、社会風俗などからひもとくテレビ番組シリーズです。

その内容の一部は、『世界サブカルチャー史　欲望の系譜――アメリカ70-90s「超大国」の憂鬱』（祥伝社）として、書籍化されてもいます。

超大国アメリカのサブカルチャーをたどりながら、人々の欲望の正体を探っていくと、その延長線上にあるのは、世界中のあらゆる人々が、あらゆる場所で、あらゆる形で、**果てしない「欲望」をエネルギーとして駆動している現代社会の姿**です。

そのひとつの例をあげてみましょう。

この本を読まれているみなさんは、ネットやSNSで次のような記事を目にしたり、また誰かに言われたりすることはないでしょうか。

「いまのビジネスパーソンは、この程度のスキルがなければ生き残れませんよ」
「これからの時代、英語もテクノロジーの知識も欠かせませんよ」
「知識があっても、教養がなければ、欧米のビジネスパーソンとの会話にはついていけませんよ」
「人間でなくてもできるルーティンワークは、すぐにAI（人工知能）に取って代わられますよ」

「ＡＩには生み出せない創造性がなければ、人に使われるだけの人生になりますよ」

このような「脅し文句」は、ありとあらゆるところで聞かれます。

しかしながら、冷静になって考えてみると、こうした脅し文句は、たんに「強い者が勝つ」「優秀な者が生き残る」という、優勝劣敗や適者生存を別の言い方に置き換えているだけで、そこには社会や人間に対する何の深い洞察もありません。

また「自分は何のために生まれてきたのか？」「自分は本当は何がしたかったのか？」「自分はこれからどう生きればよいのか？」という、本当は誰もが心の奥底に持っている根源的な問いにもつながっていません。

つまり、言い方は悪いかもしれませんが、いわゆる霊感商法のようなもので、何かの商品やサービスを売らんがために、人々の不安と欲望を駆り立てて、相手を脅したり弱みにつけ込んだりしていることと変わりないのです。

少し強い言い方をしてしまえば、このような世界をディストピアと呼ぶのではないでしょうか。暴走族による凶悪事件が多発する荒廃した世界を描いた、近未来ＳＦ映画『マッドマックス』シリーズで表現されているような。

ゼロサムの関係かウィン・ウィンの関係か

アメリカのノーベル賞経済学者ジョセフ・E・スティグリッツの『スティグリッツPROGRESSIVE CAPITALISM《プログレッシブキャピタリズム》』（東洋経済新報社）によると、「国を豊かにする方法」にはふたつしかありません。

ひとつは、イギリスに代表されるかつての植民地の宗主国のように、ほかの国から富を略奪してくること。つまり、ゼロサムのゲームに勝つということです。

もうひとつは、**イノベーションや学習を通じて富をゼロから創造する**ことです。つまり、**プラスサムの世界を構築する**ということです。

スティグリッツは、この本の中で、真の意味で世界を豊かにするのは後者だけだと指摘しています。

これは、ビジネスの世界における「利益を出す方法」にも、そのまま当てはまります。

利益は、いわゆるブラック企業がそうであるように、労働者からの搾取を通じて増やすことができますが、それ以外にも、不動産や株式や貴金属などで（投資ではなく）投機をしたり、賭博場でギャンブルをしたり、オレオレ詐欺で他人の富を詐取したりすれば、一部の人間の懐は、それが合法か非合法かはともかくとして、確かに潤います。

自分が経験した身近な例でいえば、かつては一部の金融機関が金融知識に乏しい老人に対して投資信託や保険を無理やり売りつけるような行為が見られ、私の母親も危うく被害に遭いそうになって、金融機関に厳しくクレームをしたことがあります。

本人が同意しているという意味では、違法ではないのかもしれませんが(正確に言えば「適合性の原則」に反していると思いますが)、そうした行為も富の略奪といえるのではないでしょうか?

こうした行為は、いわゆる「情弱(情報弱者)」の人たちから富を奪ってくるだけで、それによって社会全体の富は増えていません。

彼らがつくる世界は、ウィン・ウィンの関係で成り立っているものではなく、ゼロサムの関係になっているのです。しかしながら、それでは社会全体の持続性を実現することなどできません。その先にあるのは、やはり「血で血を洗う」ディストピアです。

読書は「自分が自分である」ためにある

さて、冒頭の「どんな本を読めばよいですか？」という質問に戻りましょう。
こうした質問はどこから来るのでしょうか？
つまるところ、それは、

「あなたはこれがきっと好きなはずですよ」
「これがあなたにぴったりのものですよ」
「これを選ばないあなたは損をしていますよ」
「あなたが何を好きなのか私が教えてあげましょう」
「私の言うとおりにしていれば大丈夫ですよ」

という、人々の不安と欲望を駆り立てる、現代資本主義社会が持つ病理が根底にあるからなのではないでしょうか。

この現代の資本主義社会がはらむ問題については、本書を通じて、また第4章でくわしく掘り下げていきたいと思います。

「どんな本を読めばよいですか?」という質問に対して、私は「それは自分自身に聞くしかない」と答えましたが、本当はみなさん、**もっと自分の「内なる声」に忠実に生きればよいだけのことなのです。**

しかし、人々の欲望を駆り立てる、あるいは不安を煽る現代資本主義社会というシステムがそれを強力に阻んでいて、いまの世の中を生きる多くの人が、他人がよいと思うものを探し求めて右顧左眄《うこさべん》しているうちに、いつの間にか自分が何を求めているのか、そして自分が誰なのかさえわからなくなってしまう……。

そのような、私たちの自己感覚を失わせてしまう現代資本主義社会の病理に、私は大きな危機感を抱いています。

そして、そうした「自分が誰なのかがわからず、ふわふわと漂っているような状態」から抜け出すためのひとつの手段として、読書があるのだと考えています。それはいわば、**自分が「正気であるため」の手段**、つまり**「自分が自分であるため」の命綱**と言ってもよいでしょう。

自分の「内なる声」に耳を傾けること、自分が本当は何をしたいのかを考えること、そして自分とは何者であるのかを考えること。そのための助けとなるひとつの手段として、読書があります。

そこで、「まずは読書をしてみてはどうですか？」とアドバイスすることになるのですが、するとまた、「だから、どんな本を読めばよいでしょうか？」と問いが出てきて、堂々巡りになってしまうのです。

結論から申し上げると、それはもう自分で考えていただくしかありません。**「自分がどのような軸に従って生きるのか？」「どのような人生観を持って生きるのか？」**を自分で考え、自分で生きる方向性を決めていただかなければならず、それは誰も教えてはくれません。

もはや世の中に「大きな物語」はない

現代は「大きな物語」が存在しない時代とされています。これを言ったのは、フランスの哲学者、ジャン＝フランソワ・リオタールです。

リオタールは、その著書『ポスト・モダンの条件――知・社会・言語ゲーム』（水声社）の中で、社会が共有する価値観やイデオロギーがもはや失われてしまった時代を「ポスト・モダン（脱近代主義）」の時代として定義しました。

そして、この世界全体を解釈する思想的な枠組みを、彼は「大きな物語」と呼んだのです。ここでの「大きな物語」とは、それまでの近代（モダン）を根拠づけていた啓蒙思想、進歩主義などを指していて、そこには近代哲学や科学なども含まれます。

そうした人類の進歩を信じてきた思想的な枠組みに不信感を表明し、「大きな物語」は凋落してその目標を失いつつあるとして、そこからの新たな展開を目指したのです。

この本は思想界に大きな衝撃を与えただけでなく、建築や文学の世界にまで広がりを見せ、「ポスト・モダン」という時代の潮流を形づくっていきました。

そして、現代という時代はまさに、世界のどこかに「大きな物語」があって、その物語に沿って生きればよいという楽観的な状況ではなくなっています。

たとえば、現代人は、進歩主義の名のもとに、科学技術の進歩や経済の発展こそが人間の生存条件を改善するという「大きな物語」に乗っかり、資本主義というシステムに従って経済成長に邁進してきました。もちろん、それがもたらした果実は非常に大きなもので、この狭い地球上に80億人もの人間が共存できているということ自体が奇跡のようです。

他方で、あまりに大きくなりすぎた貧富の格差や取り返しのつかないような自然環境の破壊を招いてしまい、その結果として、私たち人類は、地球温暖化という生存リスクを自ら招いてしまっています。つまり、人間の生存条件を改善するために猪突猛進してきた結果、私たちの生存条件である地球そのものを破壊しつつあるわけです。

それではここでもう一度、「どんな本を読めばよいですか?」という質問に戻りましょう。それについて私は、「自分自身に聞くしかない」と答えました。

先に述べたように、質問者の抱える個別の事情を何も知らないという理由もありますが、そこには、もはや誰かが何かの大きな指針(物語)を与えてくれるような世の中ではないという時代認識があるのです。

子どもにどんな本を読ませたらよいか?

ちなみに、『読書大全』を出版して以来、親御さんから「子どもに本を読ませるにはどうしたらよいでしょうか?」「子どもにどのような本を読ませたらよいですか?」といった質問を受けることも多くなりました。

でも、「どのような本を読ませたらよいか?」の前にまず、「子どもとは何か?」についてお話ししたいと思います。

子どもは「小さな大人」という不完全な大人ではなく、子どもは子どもであるとして、「子どもの発見」をしたのが、『社会契約論』(岩波文庫)で有名なジャン=ジャック・ルソーです。ルソーは、『エミール』(岩波文庫)という教育論の本の中で、子どもの自発性と内発性を尊重する教育論を展開しています。

私の教育論の立場は、このルソーの考え方に近く、人には本来的に自らを発達させる能力があるという前提のもとで、子どもの能力を引き出す環境を整えてあげることが教育の役割だと考えています。ちなみにルソーは、子どもが小さいうちは本による教育よりも自然と接することのほうが重要だということを言っています。

これに対して、たとえばイギリスのパブリックスクールでは、伝統や社会規範に従うことに重きを置いた教育が行われています。個人の自由を重んじる一方で、共同体的な価値観にも重きを置いていて、ルソーの自然主義的な教育論とはかなり趣を異にしています。

イギリスの教育については、自らがパブリックスクールで学んだ英文学者の池田潔の

『自由と規律――イギリスの学校生活』（岩波新書）や、パブリックスクールで教鞭を執った経験を綴った松原直美の『英国名門校の流儀――一流の人材をどう育てるか』（新潮新書）が参考になります。

「子どもにどのような本を読ませたらよいか？」という質問に対する直接の答えにはなっていませんが、そのような質問を問う前に、これらの本も参考にしながら、そもそもお子さんの教育についてどう考えるのか、一度、ご家族で話し合ってみることをお勧めします。

「考える」ための灯火としての読書

結局のところ、自分の答えというものは「自分自身で考えるしかない」ということなのですが、そうはいっても突然、「それでは自分で考えてください」と言われたところで、果たして何の取っ掛かりもなしに考えることはできるものでしょうか。

ここに、読書というものが存在する意味があります。

なぜなら、ただ「考える」といっても、人間は「考える材料」と「考える枠組み」がなければ、ものごとをきちんと考えたり、思考を発展させたりすることができないからです。

ものを考えるために、私たち人類は、文字と本というものを発明しました。そして私は、**読書こそが、「考える材料」を集め、「考える枠組み」を構築する手段としてもっとも優れたもの**なのではないかと考えています。

本を読めば、人間にはじつにさまざまなものの見方や考え方、価値観があることがわかり、それら人間のさまざまな思考の軌跡を、読書を通じて容易に追体験することができるからです。

そのようにして、「考える材料」を自分の中にどんどんインプットし、自らの血肉としていくことで、自分の頭で「考える」ためのベースができていきます。

そうした「考える」ための指針、あるいは自分を導いてくれる「灯火」として、読書を活用すればよいのです。

古代ギリシアや古代中国などの古典をいま読んでみても、2000年以上前のことであるにもかかわらず、私たち人間の考えることは、驚くほど変わっていないことがわかります。自分の人生、倫理や道徳、家族や対人関係、組織や社会の問題、お金の問題……と、人間が悩み苦しんでいることは、じつはいつの時代でもほとんど変わりません。

たとえば、「哲人皇帝」と呼ばれ、ストア派の哲学者でもあった第16代ローマ皇帝マルクス・アウレリウスの『自省録』には、次のような一節があります。

各人は束の間のこの今だけを生きている。それ以外はすでに生き終えてしまったか、不確かなものだ。

人格の完全とは毎日を最後の日のように過ごし、激することなく、無気力にもならず、偽善をしないこと。

お前が怒りを爆発させたとしても、それでも彼らは同じことをするだろう。

もはや善い人とはいかなるものかを論議するのはきっぱりやめ、実際にそのような人間であること。

（岸見一郎『ＮＨＫ「１００分de名著」ブックス マルクス・アウレリウス 自省録——他者との共生はいかに可能か』ＮＨＫ出版）

『自省録』はマルクス・アウレリウスの日記であり、他人に読ませるために書かれたものではないため、わかりにくい部分や整合性がとれていない部分もたくさんあります。
しかしながら、自身の思索や内省を綴ったこの日記を読むと、まるで現代人が書いたのではないかと思うほど、いまを生きる私たちの悩みや苦しみに通じる部分が多いことに驚かされます。
原著以外にも、哲学者の岸見一郎による解説がついた『NHK「100分de名著」ブックス マルクス・アウレリウス 自省録――他者との共生はいかに可能か』などのテキストがありますから、ぜひ一度、手に取ってみてください。

「困難に直面したとき、人はどう生きるべきか?」

そうした根源的な問いに対して、まさしく時空を超えて、考えるヒントを与えてくれる、私の愛読書のひとつです。

こうした何百年、何千年もの時空を超えて生き続けている本を読むと、人間にとっての悩みや苦しみにも、一定のパターンがあることがわかります。そして、それにどう応えるかについても同様です。
もちろん、私は、そこに書かれている幾多の知恵を、単純になぞるべきだといっているわけではありません。いまここに生きている自分という存在が、運命によって突きつけられた命題に対して、実際にどのように対峙していくのか、そのことを、人類が蓄積してきた本というものを通じて学び、「自分ならどうするか？」を考え抜くこと……それこそが読書の意味なのだと思うのです。

他人の言うことを鵜呑みにしろというのではなく、一人で悩んでいるのでもなく、**人類が積み重ねてきた「集合知」**をうまく使ったらどうですか、ということです。

言葉こそが人間を特別にした

自分の頭で「考える」ためには、読書を通じて「考える材料」と「考える枠組み」を獲得することで、「考える」ためのベースをつくることが必要です。

私たちは、なんとも幸運なことに、**人類が何千年にもわたり受け継いできた「知の蓄積」**を、本を手に取ることによって、思う存分活用することができます。そしてそれこそが、人類をほかの生物と決定的に分け隔てる分岐点なのです。

そもそも、人間とほかの動物とのもっとも大きな違いは、人間は脳が格段に発達したことで言葉を操ることができるようになったことです。

言葉を持った時点で、人間は地球上で特別な生物になりました。とくに重要なのは、言葉による知識の伝達ができるようになったことと、言葉を通じて抽象的な概念を生み出し、目の前にある個別具体的なものを超えた抽象的な事柄について思考できるようになったことです。

つまり、人間はいまこの瞬間のことだけでなく、すでに起きてしまった過去の出来事や、まだ起きていない未来のことなどについても考えられるようになったのです。

たとえば、もう終わってしまった過去のことを、「ああすればよかった、こうすればよかった」などと、いつまでもくよくよと考え続けるのが人間です。

他方で、まだ起きていない未来のことをあれこれと考え、「自分はこれからどうなるのか？」「どうすればよいのか？」などと思いを巡らせます。さらには、ただ本能のおもむくままに生きるのではなく、「自分は何のために生きているのか？」「自分はどう生きるべきなのか？」と問いかけるのが人間です。

あるいは、自分の内面のことだけでなく、空を見上げて、「宇宙はどうやって始まったのだろうか？　どうやって終わるのだろうか？」などと、自分の外部の世界に対して考えを巡らすこともします。

こうした**思考はすべて、言葉があってこそ生まれてくる**ものなのです。

ちなみに、この言語能力はどこから来ているのかということについて、アメリカの言語学者のノーム・チョムスキーは、その著書『統辞構造論』『統辞理論の諸相――方法論序説』（ともに岩波文庫）の中で、人間は生まれながらにして普遍的な言語機能を持っており、すべての言語が普遍的な文法で説明できるという、「生成文法理論」を主張しました。彼は、「言語能力の普遍性」を支持する証拠として、言語獲得の速さや容易さ、言語における文法の共通性などを挙げています。

「自分とは何か？」という根源的な疑問

話を元に戻しますと、もし「考えるといっても、何を考えたらよいのかわからない」という場合は、まずはそうした思考の中心にある「自分」について考えてみてはどうでしょうか？

人というのは、自分のことについては意外なほどわからないものです。「自分とは何か？」について真剣に考え始めると、次のような根源的な疑問が次々と湧いてくるはずです。

「自分の人生とは何か？」

「自分は本当は何をしたかったのか？」

「自分の人生はこのままでよいのだろうか？」

「これまでの自分は、本当に自分の人生を生きてきたのか？」

「じつは他人の人生を生きてきたのではないか？」

「自分は他人がよいと思う人生を、ただなぞっていただけではないだろうか？」

「であるならば、そうではない人生とはいったい何なのか？」


もちろん、こうした抽象的な問いに対する答えがすぐに出てくるわけではありません。

でも、それらの問いに向き合うところがスタートラインになるのだと思います。

生物の中で人間だけが神の姿に似せてつくられた特別な存在であるという、かつてのキリスト教的な言い方をするつもりはありませんが、人間だけがつねに「自分とは何か？」という根源的な疑問を抱いて生きている、特殊な生きものなのではないでしょうか。

そして、読書という営みは、同じ問いに向き合ってきたさまざまな著者との対話を通じて、まさに**「自分とは何か？」を考えるきっかけ**になるのです。

生存本能のおもむくままに、ただ食べて、お金を稼いで、遊んで、寝る、そして死んでいくというような、ある意味で動物的に生きるというだけでも、ある程度は人生をしのげるでしょう。

しかし、人間は頭脳が極端に発達して複雑な思考ができる特殊な生きものであり、悩みもあれば不安も感じるし、本能だけでやりすごして生きることが難しい生きものなのです。つまり、難しいことを考えることができるというだけでなく、難しいことを考えないで生きることがとても困難な生きものなのです。

さらに、人間は個体としての肉体的弱さを補うために、集団をつくって生きる社会的な動物であり、一人で生きていけるわけではありません。そこには否応なく、社会性という問題がかかわってくるため、自分一人だけのことを考えながら、本能のおもむくままに生きられるわけではないのです。

このように考えると、私たちは「自分とは何か?」「自分の人生とは何か?」「自分はこれからどうなるのか?」「私たちは何者なのか?」「私たちはどのような関係性を結んでいけばよいのか?」といった、さまざまな事柄に対して真剣に向き合わなければならないと言えるのではないでしょうか。

「正解を求める」日本のビジネスパーソン

先に、「どんな本を読めばよいか?」という問いが生まれる背景には、人々の不安と欲望を駆り立てる資本主義社会の病理があると指摘しました。

ただ、そこにはもうひとつ、現代教育の問題が横たわっていると私は考えています。つまり、すぐに「人に正解を教えてもらいたい」「そこには必ず正解があるはずだ」と思わせてしまう、受験勉強のあり方という問題も絡んでいるのではないでしょうか。

私たちは小学校のころから同じ方向を向いて教室に座らされて、「正しい答えは何ですか?」と問われ、その答えを探すように訓練を受けてきました。そうした体験が積み重なることで、大人になって自分の人生に何か問題が起きたときにも、なんとなくどこかに「正しい答え」があると思ってしまうのではないでしょうか。

自分の頭で「考える」ためには、それなりの訓練が必要です。でも、多忙な日常生活に押し流され、考える時間や心の余裕を失ってしまうため、自分で考える前に、ついインスタントな「正しい答え」を求めてしまうのです。

私たちは、仕事においても、何か問題が起こった途端に、どこかにある答えを探してしまいがちです。なぜなら、すぐに解答を手に入れることで、早く心理的安定性を得たいからです。

ドイツの社会心理学者エーリッヒ・フロムの『自由からの逃走』(東京創元社)に見られるように、人間が自由であるとはつまり、心理状態が不安定なことでもあります。ですから、私たちはその答えが正しいか間違っているかを飛び越えて、心理的安定性をもたらしてくれる「正しそうな答え」に飛びついてしまいがちなのです。

じつはそうしたところが、日本のビジネスパーソンのもっとも弱いところなのではないでしょうか。問題の本質を見極めようとはせずに、ひな鳥が口を開けて餌を待っているのと同じように、世の中の誰かが答えを提示してくれるのをひたすら待っているあいだに、世界の人たちは自分の頭でものを考えて、どんどん先へと進んでいってしまう……。

そうして日本という国が右顧左眄しながら右往左往しているうちに、ものすごい勢いで世の中が変化していき、その流れに置いていかれてしまっている。——それが、私たち日本人のいまの姿なのではないでしょうか。

自分で自分という人格をつくっていく

もちろん、自分たちにきちんとした信念があって、置いていかれることを自らの意思で積極的に望んでいるのであれば、それもひとつの生き方だと思います。でも、置いていかれるのは嫌だけど、知らないあいだに置いていかれてしまった、というのでは意味がありません。

つまり、「自分とは何か?」から始まり、「自分の仕事は何なのか?」「いま目の前にあるこの仕事の問題はどこから生じたのか?」という問いに至るまで、すべては自分自身が解決すべき問題なのです。

このようにして、結局のところ、どこかの誰かが取ってつけたように「正解」を教えてくれるわけではなく、自分の問題は自分で解決していくしかないという原点に戻ってくるのです。

そうでなければ、ただ刻々と変化する外部環境に身を任せ、「自分ではどちらに行けばよいのかがわからないから、誰か答えを教えてください」という、まるで大海をさまよう小舟のような生き方になってしまいます。

いまの日本のビジネスパーソンに求められているのは、それとは真逆の、それぞれが**「自分で自分という人格をつくっていく」**ことです。

自分は何を望んでいて、何を望んでいないのか、そうしたことをまず自分自身で感じることから始める必要があるのではないでしょうか。

そして、そうした取っ掛かりとして、自分の頭で考えるために読書を使ってみたらどうですかというのが、私が言いたいことなのです。世の中に無数にある本の中には、さまざまな人々の考えや体験や理論が記されていて、そうした膨大な本の数だけ、多種多様な思考や価値観に触れることができます。それらは、自分自身の思考を自由に展開していくうえで必ずや大きな助けとなるはずです。

また、読書を通じて得られた体験は、それを読んだ人の中に深く浸透していき、その人の人格を形づくっていきます。

そうした毎日の体験の積み重ねによって、私たちは意識しながら、自分というものをつくっていくことができるし、またつくっていかなければならないのです。

読書は「精神のエコシステム」を形成する

私たちの肉体は、個々に独立しているように見えますが、じつは空気や水や食べものをつねに身体の中へ取り入れることで、周りの環境と一体になった、ひとつのエコシステムを形成しているといえます。

今回の新型コロナウイルスの世界的な流行を見ても、私たちが呼吸をすることで、世界中の人たちとつながっていることがよくわかります。私たちは水中の魚と同じように、空気という媒介を通じて、お互いにつながっているのです。

また、人間の身体の約6割は水でできており、それ以外のタンパク質をはじめとした、生命活動を支える重要な物質も含めて、私たちの肉体は数カ月もすればほとんど別物へと置き換わってしまいます。つまり、私たちは単独に存在しているわけではなく、周りの世界と物質を循環させながら、大きなエコシステムを形成して生存しているのです。

じつは、これは肉体に限った話ではありません。同様に、**私たちの精神もまた、自らの体験や他人との交流、そしてたくさんのニュースや書物を通じて、家族や社会や世界とイ**

ンタラクティブなエコシステムを形成しているのです。

これまで「自分の考え」というように、さらりと言ってきましたが、人間の精神は自分が体験したものや会話した相手、読んだものから成り立っていて、その意味でも、人間は決して単独で存在しているのではなく、自分を取り囲む人や環境、読書で得られる知識や思考などを介して、お互いにつながっている存在なのです。

このように、人間の精神はお互いにつながっているという考えは、私だけの独断ではなく、私たちになじみ深い仏教の「縁」や「無我」という考え方の基本になっているものです。

仏教における「縁」では、人々は単独で存在するわけではなく、因果によってつながっています。「縁起がよい／悪い」といった使われ方をする「縁起」も、すべての存在はお互いにつながり、影響し合っているという考え方が前提になっているのです。

他方、仏教でいう「無我」は、自我には実体はなく、つねに変化していて「無常」であるということを意味しています。それがゆえに、自分の執着や悩みを超越することが必要なのだと考えられているのです。

人々の精神の相互作用という考え方は、ドイツの哲学者ゲオルク・ヴィルヘルム・フリードリヒ・ヘーゲルの思想における中心課題でもあります。

ヘーゲルは、個人の自己意識はほかの人との相互作用を通じて形成される一方で、社会の精神は、制度、法律、道徳、芸術、宗教などの文化的な表現から成り立っていて、それが個人の自己意識に影響を与え、個人の行動や考え方に反映されると考えました。

ヘーゲルは『精神現象学』（ちくま学芸文庫）の中で、次のように述べています。

> 精神とは絶対的な実体であって、その実体においては、みずからがふくんでいる対立、すなわちあいことなった、それぞれに《フュール・ジッヒ》存在する自己意識という対立が存在し、おのおのがかんぜんな自由と自立性をもちながらも、その対立が統一されている。絶対的な実体である精神とはすなわち、「私たちである〈私〉であり、〈私〉である私たち」なのである。

つまり、ヘーゲルは、個人の精神と社会の精神は相互に依存し合っているものだと考えていたのです。

このように、人の精神が相互につながっているということは、古くからいわれてきたことです。ですから、身体にとって食べるものが大事であるのと同じように、**私たちの精神にとっては体験や読むものがきわめて重要**なのです。

食べるものにこれほど気を使っている現代人が、精神が「食べるもの」に無頓着であるというのは、とても奇妙であり残念なことです。

2500年前に生きた人とも対話できる

もし、私たちが限られた人生において、世界中の森羅万象を実体験できるのであれば、必ずしも読書は必要ないかもしれません。なぜなら、人に直接会う、自ら直接経験するということが、人間にとってもっとも強い影響力を持つからです。

たとえば、自分が尊敬する人物に実際に会って話ができれば、それは素晴らしい体験になるでしょうし、心に深く染み入るという意味では、それがもっとも優れた道かもしれません。

しかしながら、現実的に考えると、その尊敬する人の時間を、自分だけが何時間も独占するわけにはいきません。しかも、もし相手が過去の人で、すでに亡くなってしまっていたとしたら、そもそも直接話す機会など絶対に訪れません。

読書は、そうした広い意味での人的交流を補う、きわめて重要なパーツのひとつなのです。読書であれば、2500年前に生きたソクラテスに直接会うことはできなくても、プラトンが書いたソクラテスの言説を通じて、すぐに彼と対話することができます。いつでも、好きなときに。

つまり、読書というのは、**絶対に会えないような素晴らしい人たちと、時空を超えて間接的に対話できる優れもの**なのです。それほど優れた体験が、1冊1000円や2000円という価格で手に入るわけですから、ある意味で、これはもう奇跡のようだとしか言いようがありません。

読書なんて自分には関係ないという人もいるでしょうし、そのように考えるのは個人の自由です。また私は、体験至上主義という考え方が必ずしも悪いとは思っていません。

なぜなら、人間は読書という体験も含めて、やはり体験からしか学べないからです。いうなれば、私にとっての読書というのは、他者との邂逅《かいこう》であり会話そのものだということです。

一人の人間が一生のあいだに実体験できることには限りがあります。ですから、人生における体験を拡張するためのツールとして読書を使うことができれば、一生のあいだに体験できる世界は格段に、いや無限に広がっていくのではないでしょうか。

このように考えると、本を読まないというのはとてももったいないことです。まったく本を読まないという人がいても構いませんが、もし「本は読んだほうがよいですか?」と聞かれたら、やはり「読んだほうがよいと思いますよ」というのが、私の答えになります。

改めて、なぜ読書をするのか？

ちなみに、私自身が「なぜ読書をするのか？」についても述べておきます。

第1章では、私の読書遍歴にも触れますが、「なぜ読書をするのか？」についてわかりやすく伝えるのは意外に難しいと感じています。

なぜなら、私にとってのその答えは「読みたいから」というシンプルなものだからです。

ただ、これでは「なぜおいしいレストランへ行くのですか？」と聞かれて、「おいしいものが好きだから」と返すのに似ていて、すっきりした答えにはなっていないかもしれません。

しばらく食事をしないでいると、明らかにお腹が減ってきて食べものを探し始めるのと同じように、私の場合、しばらく活字を読まないでいると、精神的な飢餓状態に陥ってしまいます。

でも、そこで「なぜ読書をしないと精神が飢餓状態に陥るのですか？」と聞かれたら、これはまた「なぜあなたは食事をしないとお腹が減るのですか？」と聞かれるようなもので、どうにもうまく答えるのが難しいのです。

食事をしなければ餓死するのは明白ですが、読書はしなくても死ぬわけではないので、食事と読書は同じとは言えないだろうという人もいると思います。

ただ、先に述べたように、人類の頭脳が高度に発達した結果生まれたのが言葉であり、その言葉によって生み出された抽象的な思考は、人間の精神とは切っても切り離せないものです。

つまり、それらは人間の人間たるゆえんである、つまり、言葉を通じて生み出される思考というものが、あらゆる生きものの中で、もっとも「人間的」な部分を構成しているということができるのではないでしょうか。

このように、**人間が人間たるゆえんにもっとも深くかかわっているものが言葉であり読書であること**を考えると、やはり読書をしないというのはもったいないことだなと思います。いわば、**「自分が自分であるため」に欠かせないものが、読書という営み**なのではないでしょうか。

それでは、第1章からは、読書がいかにあなたの人生を根底から変える力を持っているか、私自身の「読書との出会い」の体験も交えながら、具体的にお話ししていきたいと思います。

第 1 章

人生を変える読書

——あなたはまだ本当の読書を知らない

人間は「体験」と「学習」が積み重ねられた存在

私は序章で、本を読まないというのは、かなりもったいないことだと述べました。読んだ本は、その人の血となり肉となっていくものだからです。

逆に言うと、読み手と書き手がよい相互作用をもたらすことで、読み手の血となり肉となるような本でなければ、無理をして読む必要もないと思っています。たんなる情報を受け取るためだけの手段であれば、本以外にもさまざまな媒体がありますから。

それをもう少し敷衍《ふえん》して、どういう人にとって、どのような局面において本が求められるのか、逆にそうではない場合というのは何なのかを考えてみたいと思います。

私は、**人間という存在は、持って生まれたデフォルトの心身の状態に、環境を含めた多くの「体験」と「学習」が積み重ねられて形づくられる作品**のようなものだと考えています。

そうした意味では、私自身は、プラトン的な抽象的な人間の「本質」のようなものをアプリオリには信じていないとも言えます。

要は、人は生まれつきすべてが決まっているわけでもなければ、「体験」「学習」だけがその人を形づくるわけでもないという、現代的な人間理解のごく常識的なことを言っているにすぎません。

この「体験」や「学習」についていうと、私たちはまず、家族を含めた自分以外の他者と直接出会うという体験を通じて、いろいろなことを学びます。それ以外にも、本を読んだり、映画を観たり、音楽を聴いたり、さらには学校で先生に習ったりといった間接的な体験、いわゆる「学習」を通じて学ぶこともあります。

そして、自分の周りにある狭い世界だけで完結して生きていくのであれば、おそらくは前者の直接的な体験だけでも充分なのだろうと思います。

自分の周りの仲間がすべてであり、それ以外は「外の世界の出来事」だというような環境であれば、かつてどのコミュニティにもあった井戸端会議などの情報交換で充分で、実生活を生きていくためには、それ以上の情報や「体験」は必要とされないでしょう。

むしろ、閉じた平和な世界を外に向けて開放してしまうと、異質な価値観をそのコミュニティの内部に持ち込むことになり、さまざまな面倒事や軋轢《あつれき》が生じかねません。ですから、そうしたよけいな「体験」や「学習」は、むしろ集団の維持にとっては邪魔だという場合もありえます。

つまり、「学習」（＝間接的な体験）によって、わざわざ集団の和を乱すリスクを冒してまで、自分たちがかかわる世界を拡張する必要はないということです。

読書によって自分の体験を拡張する

これに対して、いや自分はそうではない、自分の周りにある閉じた世界から出て、より広い世界を見てみたい、そこで生きてみたいという人もいるでしょう。そのような人にとっては、自分の知らない世界を「体験」し、さらに「学習」する機会を持つことは、とても大切なことです。

とくに、現代のように経済がグローバル化し、インターネットやSNSなどによって情報が瞬時に世界中に拡散し、環境やエネルギー問題をはじめ、地球を全体としてとらえなければ対処できない問題が拡大している時代を生き抜くためには、これまで以上に幅広い「体験」と「学習」が求められます。

日本の企業が社会人としての体験だけを重視して、知識社会化するグローバル社会を生き抜くための学習を怠ってきたとして、日本の現状に警告を発しているのが、日本経済新聞社が編集した『「低学歴国」ニッポン』（日経プレミアムシリーズ）です。この本の中で、日本では先端研究やイノベーションの担い手である博士号取得者が大幅に減少しつつあること、さらに人口100万人当たりの博士号取得者数で見ても、米英独韓といった主要国を大きく下回っている事実が指摘されています。

この点について、企業再生の専門家である経営共創基盤（ＩＧＰＩ）グループの冨山和彦会長は、「Ｇの世界（グローバル経済圏）」と「Ｌの世界（ローカル経済圏）」との二つに分けて表現しています。とくに、今回の新型コロナ禍を境目に、サイバーの世界はグローバリゼーションが、リアルな世界はローカライゼーションが同時並行的に進むだろうと言っています。

これは、どちらが善い悪いという話ではありません。この本を読んでいるあなた自身が、どちらの世界で生きたいと思っているのかにかかっているからです。

もし、自分のいま住んでいる世界から、より広い世界に向かって生きていきたいと願うのであれば、**読書によって自分の「体験」を拡張し、いま自分が住んでいる世界よりも高い次元（メタレベル）から世の中を見る視点が必要不可欠**になります。

「鈍器本」が求められている？

ここで指摘しておきたいのは、どちらの生き方が上で、どちらが下だとか言っているわけではないということです。いまの時代背景や世界の状況を見ると、自分の周りの閉じた世界だけで安穏と生きていこうと思うのであれば、それはそれで覚悟が必要だからです。

地域に自給自足型のコミュニティをつくり、その中でできるだけ完結した経済や生活を構築しようという動きも、世界各地で起きています。確かに環境負荷という観点からは、できるだけ物資や人の移動距離を減らすことがきわめて重要です。

しかしながら、このグローバル化の時代に閉じた経済圏をつくるのは、それほど容易なことではありません。

人の弱みにつけこむ「脅しの商法」のようなことをするつもりはありませんが、私たちがグローバルにつながっているということを思い知らされた象徴的な出来事が、2019年以降の新型コロナウイルスによるパンデミックだったのではないでしょうか。

今回のパンデミックでは、どこに住んでいようと、お金持ちであろうとそうでなかろうと、世界の人々がみな等しくコロナ禍に巻き込まれていきました。

私たちが驚かされたのは、ひとつの国で発見された新型ウイルスが、またたく間に世界中に広がっていく様です。そのスピード感が、私たちはこれほどまでにお互いにつながっているのだという事実を、否応なしに気づかせたのです。

しかも、ウイルスだけでなく、いったんグローバルにつながった経済活動がさまざまな形で分断されたことで、食料や資材の調達、そして物価の高騰へと次々と波及していく様は、**人間にとってもはや閉じた経済圏だけで生きていくのは難しいのではないか**と思わせるのに充分な出来事でした。


そうしたコロナ禍においては、本書のテーマである読書についても、特徴的な動きが見られました。それは、いわゆる「鈍器本」と呼ばれる、特定のテーマに関する膨大な情報を盛り込んだ、重厚感ある分厚い本が次々と出版され、好調な売れ行きを見せたことです。

「鈍器本」という名前は半分ジョークのようなものですが、そのまま縦に置いても倒れないほど分厚くて、手に取ってみるとレンガのようで、まるで鈍器だということからつけられたものです。

こうした兆候はコロナ禍の直前にすでに始まっていて、2019年8月に立命館アジア太平洋大学の出口治明学長の『哲学と宗教全史』(ダイヤモンド社、468頁)が、2020年にはブログ「読書猿《どくしょざる》 Classic: between / beyond readers」を主宰する読書猿が著した『独学大全――絶対に「学ぶこと」をあきらめたくない人のための55の技法』(ダイヤモンド社、788頁)が出版され、どちらも異例のベストセラーになりました。

そして、2021年に出版した拙著『読書大全』(488頁)も、その延長線上に位置づけられました。自分自身でも、これほど分厚い本がここまで売れるとは思っていませんでした。

価格も消費税を入れると3000円を超えてしまうもので、出版社の方からは常々、2000円以内の本が売れ筋で、3000円を超えると学術書の世界に入るので、売り方やターゲットがまったく違ってくるといわれていました。それで、『読書大全』は苦肉の策で、定価が2800円、消費税込みで3080円というぎりぎりの値段設定になったわけです。

コロナ禍で変化した読書への意識

私は10年以上前から、資本主義を研究する哲学系・工学系などの学者とビジネスパーソンの共同研究会である「資本主義研究会」を主催しています。

その研究会を立ち上げたころ、ある大手出版社に「資本主義に関する本を出版したい」と相談に行ったことがあります。当時は大手不動産会社のCFO（最高財務責任者）ではありましたが、そうはいっても一介のビジネスパーソンでしかない私の名前だけでは、出版社もなかなかOKを出さないだろうと思い、資本主義研究会のメンバーである、渋沢栄一の玄孫《やしゃご》でコモンズ投信の渋澤健会長と一緒にこの話を持っていきました。

「日本資本主義の父」と呼ばれる渋沢栄一直系の子孫で、ご自身も経済人として活躍されている渋澤氏が資本主義の本を書くというのですから、さすがに出版社も二つ返事で了解してくれるのではないかと期待していました。

ところが、そのとき返ってきたのは、「そんな難しい本を読む人なんていませんよ」というつれない回答でした。そのころよく売れていたのは、資格取得などのいわゆるハウツー本と呼ばれる、電車の中でぱらぱらと手軽に読めるような薄くて軽い本が主流だったからです。

確かに日本のビジネスパーソンは超多忙で、とくに首都圏では、普通の人は通勤に片道で1時間半くらいかけています。つまり、往復3時間くらいです。それで、電車の中で読書することが多く、軽くて持ち運びやすいものが選ばれていたのです。

それが今回のコロナ禍で状況ががらりと変わりました。在宅勤務が増えて本を持ち運ぶ機会が減り、自分の人生について振り返る機会が多くなったことで、「どうせお金を払うなら、もっと中身がずっしり詰まった本がよい」というニーズが高まり、「鈍器本」が売れたのだと思います。

そうした中、最近、出版社と話すと、タイトルに「資本主義」という言葉がついていると売れ行きがよくなるので、なんとかして「資本主義」という言葉をタイトルに紛れ込ませたいという、以前とは真逆の状況になっています。

最近では、マルクス研究家である東京大学の斎藤幸平准教授の『人新世の「資本論」』（集英社新書）が大ベストセラーになりましたが、一時は完全に過去のものとして忘れ去られてしまったかに見えた『資本論』の本がベストセラーになるというのは、本当に隔世の感があります。

さらに、岸田内閣が「新しい資本主義実現会議」を立ち上げ、資本主義のあり方そのものを問い始めていることからも、出版業界における資本主義ブームは留まるところを知りません。

頻発する「想定外」の危機

手軽に読めるような本が売れ筋だったのが、「不透明な世界をどのように生きていけばよいのか?」といった、私たちの実存にかかわる根源的なテーマの本が読まれるように変化したのは、ほかにも理由があると思います。

新型コロナ禍が収まらないうちに、2022年には、今度はロシアとウクライナが戦争を始めるなど、多くの人が「想定外」の危機に頻繁に直面するようになっていることも、その大きな理由ではないでしょうか。

「想定外」というのは、めったに起こらないからこそ想定外なのですが、これまでの21世紀を振り返ってみれば、大手金融機関が次々と倒れた1997年から始まる日本の金融危機、2001年のアメリカでの同時多発テロ、2007年から始まる世界金融危機

（2008年のリーマンショック）、2011年の東日本大震災と福島第一原発事故、さらには2019年に発生した新型コロナウイルス禍、2022年のロシアによるウクライナ侵攻など、ここまで危機的な状況が次から次へとやってくると、世界はもはや何が起きても「想定外」とは言えないような状況にあります。

さらには、数百年に一度の規模とされる南海トラフ地震が2030年代には確実に起こるだろうといわれていて、そのときに富士山噴火を誘発する可能性も高いとされています。

つまり、「数十年、数百年に一度」とされるような出来事が、私たちが思っているよりも、はるかに短いインターバルで起き始めているわけです。

2008年のリーマンショックの際に、アメリカの元財務長官で経済学者のローレンス・サマーズは、「100年に一度の危機は2〜3年に一度やってくる」と語ったといわれています。確かに彼の言うとおり、**21世紀に入ってからの世界は加速度的にその混迷の度合いを増している**ように思われます。

しかしながら、人類の長い歴史を冷静に振り返ってみると、日本における戦後1950年から1990年ごろまでの約40年間にわたる無風状態のほうが、むしろ奇跡のような期間であったと言えるのではないでしょうか。

人類の長い歴史を振り返ってみれば、ある人が一生、安定した時代の中で、なんの波乱もない人生を送れて幸せでしたなどということは、ほぼありえません。国土が焦土と化した太平洋戦争での敗北後から始まる奇跡の経済復興、そしてすべてが右肩上がりだった40年……私たち日本人は、こうした奇跡の時代を生きていたのです。

しかしながら、その後のバブル崩壊、未曽有の金融危機、リーマンショック、新型コロナ禍、そして「失われた30年」と、もはや毎年のように想定外の危機が起きる時代に逆戻りしてしまったということに、多くの人ははっきりと気がつきました。

「内なる声」に耳をすまそうという時代に

そもそも、地球の46億年という長い歴史の中で、いまの時代ほど長い期間にわたって温暖な気候が安定的に推移している時代はなかったのです。最終氷期が終わった約1万年前から現在に至るまでの私たちが生きているこの時代を「完新世」と呼びますが、この時代ほど人類にとって住みやすい環境はありませんでした。

そして、この完新世が終わりを告げて、人間の開発による環境変動が顕著になった新しい時代として、斎藤氏の書籍のタイトルにもなった「人新世」が提唱されているのです。

であれば、ある意味でそのような「ノーマル」な状態の中で私たちはどう生きるのか……私たちはいま、それぞれがそれぞれなりに、自分の人生について内省し始めているのだと思います。

そして、どうも**インスタントな答えはなさそうだ**ということに気づき、少しでも何らかの手がかりをつかみたいという思いから、これまで以上に、真剣に「本を読もう」と考える人が増えているのではないでしょうか。

これはある意味で、みんながまじめになってきているのだともいえます。世の中がどのような方向へ向かうかはわからないけれど、みんなそれぞれに真剣に考えるようになっている、そのような時代の空気を感じます。

なぜそのようなことが言えるのかといえば、私自身が1980年代後半から1990年にかけてのバブル時代を体感したからです。

いまでも鮮明に覚えていますが、そのころの私が感じていたのは、「人間がこんなにものを考えないことが本当にあるのか?」ということです。

とにかく「考えるなんて無意味だ」「考えるなんてダサい」「もっと人生を楽しめ」という感じの、一種異様な雰囲気が時代を包み込んでいました。そのような、考えるということを否定するような空気が社会全体に蔓延していたのです。

それほどまでに、多くの人がものを考えずにフワフワとして地に足のつかない感じだったというのが当時の風潮であり、時代の姿でした。

1945年の敗戦によるトラウマを克服するために死に物狂いで働いて、やっと世界の先進国に追いつき、そして追い越したという達成感やルサンチマンが、当時の日本人の現実感覚をおかしくしてしまっていたのではないでしょうか。

その反動のためか、続く平成の約30年間は、時代の空気も、働いて生きていく意味も180度変わりました。いまでは「失われた30年」と自嘲気味にいわれていますが、少なくともあのバブルの時代に比べれば、人々の心のありようや人生に向き合う姿勢は、ある意味で相当まともになったように感じます。

こうしてみなさんが、すぐに役立つわけでもなく、お金儲けに直結するわけでもない読書についての本を手に取り、自分の来し方行く末について考え、**自分の「内なる声」に真剣に耳をすまそう**という、そうした時代になったわけですから。

基礎体力を鍛えるための読書が必要

読書の意味としては、自分の「体験」を、他者を通じて拡張する機能のほかにもうひとつ、人生において困難に直面したときに、その「救いや解決の糸口」を先人の知恵に求めるということもあります。

シリコンバレーの投資家ベン・ホロウィッツの、ベンチャー起業家が直面する困難（ハード・シングス）に立ち向かううえでの心構えを記した、『HARD THINGS――答えがない難問と困難にきみはどう立ち向かうか』（日経BP）という指南書があります。

この本の中で、ホロウィッツは「〔会社経営という〕困難なことの中でも、もっとも困難なことには、一般に適用できるマニュアルなんてない」と述べています。

企業経営というと、普通は他社の成功事例などを参考に、自社の戦略やビジネスモデルを策定し、社員一人ひとりが動ける戦術にまで落とし込むことで問題を解決するという、ビジネススクール的なイメージがありますが、彼自身がCEO（最高経営責任者）としての経験から学んだのは、もっとも困難なスキルは「自分の心理をコントロールする」ことというシンプルな教訓でした。

ここで示唆されているのは、自分がピンチに陥ったときに付け焼き刃で読むようなノウハウ的な読書では意味がないということです。答えのない「ハード・シングス」に立ち向かわなければならないビジネスパーソンにとって求められる、常日頃から人間としての練度を高めておくための、いわば**ビジネスパーソンとしての「基礎体力」を鍛えるための読書が必要**なのだということです。

これをスポーツにたとえると、一流選手になろうと思うなら、小手先のテクニックを鍛える前に、まず体幹を鍛えなければならないということです。

体幹ができていないのに、いきなりスイングやランニングなどをしても、肘を壊したり関節を痛めたりするだけです。しかも体幹は、短期間のトレーニングで鍛えられるわけではなく、毎日コツコツと地道なトレーニングを続けることで、少しずつ鍛えられていくものです。そうして体幹がしっかりして、体の軸がぶれなくなると、どんなスポーツにも共通の基礎体力ができあがるわけです。

私がここで言っているのはもちろん、昔の体育会のようにただひたすらウサギ跳びをしろというような根性論ではなく、もっとしっかりとした基礎トレーニングのことです。

そのようにきちんとしたトレーニングで体幹を鍛えるのと同じ精神的な効果があるのが、読書なのだと思います。

ここでの体幹とは、**「考えるための体幹」**とも言えますし、先に述べたような、答えのない問題にぶつかったときの「投げ出さない心」と言ってもよいでしょう。

そのように普段から自分自身を鍛えていれば、万が一「想定外」のことが起きたとしても、右往左往しないですみますし、自分の頭で自分なりに考えて、次の行動を自分で選んでいく力がついてきます。

ときどき「本を読んで何の役に立つのですか?」「本を読んで何が変わるのですか?」と聞いてくる人もいますが、数冊読んだくらいでは何も変わらないと思います。一日や二日のトレーニングで一流選手になれるわけがないのと同じことです。でも、基礎的なトレーニングを毎日続けていれば、だんだんと体幹が鍛えられていくように、**毎日繰り返し良書に触れることで、次第に心が鍛えられていく**はずです。

ビジネスは「人がすべて」

私はこの本を書くに際し、「個としての自立」を意識しているビジネスパーソンや、精神的な基礎体力や心の体幹を鍛えたいと思っている人に向けたものにしたいと考えました。

しばしば会社というものは、経営者（創業者）の器以上に大きくはならないといわれます。

アメリカを代表するエンジェル投資家のジェイソン・カラカニスは、著書『エンジェル投資家――リスクを大胆に取り巨額のリターンを得る人は何を見抜くのか』（日経BP）の中で、エンジェル投資においては人が重要だというのではなく、「人がすべてだ」と語っています。

彼が挙げる、エンジェル投資家が成功する方法はたったひとつで、それは賢明にリスクを選択することです。そして、彼がこれまでの手痛い失敗の数々から学んだのは、「どの商品やサービスが成功しそうか」などというただの予測ではなく、「どの人間が成功しそうか」ということだと述べています。

たとえば、メタ・プラットフォームズ（旧Facebook）CEOのマーク・ザッカーバーグは、成功に向かって信じられないほどの執念を示すそうです。創造性という点では、ザッカーバーグはほかの人よりもずば抜けて優れていたわけではないけれど、その集中力と一貫性には恐るべきものがあったというのが、カラカニスの見立てでした。

つまり、未来は予測できなくても、才能を見極めることは可能だからこそ、時間とエネルギーを創業者の理解に振り向け、経営者を見て会社を選ぶ。10億ドルの会社を選ぶのではなく、10億ドルの創業者を選ぶことが重要であり、そこでは「人がすべて」なのです。

“A great leader is a great reader”

“**A great leader is a great reader**”（「**よき指導者はよき読書家である**」）という言葉があります。

アメリカの経営者に読書好きが多いのは有名です。たとえば、マイクロソフト創業者のビル・ゲイツは、年間50冊以上の本を読んでいるといわれています。２０１２年から毎年、自身のブログ「ゲイツノーツ」を通じて、自分が読んだ本の中から推薦書を公開しています。

そのほかにも、世界的な投資家のウォーレン・バフェット、アマゾン創業者のジェフ・

ベゾス、テスラ創業者のイーロン・マスク、先述したマーク・ザッカーバーグなど、著名な経営者で熱心な読書家という例は枚挙にいとまがありません。

日本でも、ソフトバンク創業者の孫正義は、肝炎で余命宣告をされて入院していた3年半のあいだに3000冊もの本を読んだといわれています。

彼らがわざわざ貴重な時間を割いて読書をするのは、たんに知識を得るためではありません。もっと深いレベルで人間理解を高め、ビジネスリーダーとしての洞察力を高めるためなのです。

こうしたリーダーたちがどのような本を読んでいるか興味のある方も多いと思います。そうした期待に応えるべく、ゲイツ、ベゾス、マスクの三人に著者の山崎良兵がインタビューして、彼らがどのような本を読んでいるのかをまとめたのが、『天才読書——世界一の富を築いたマスク、ベゾス、ゲイツが選ぶ100冊』(日経BP)です。本書を通じて、ぜひ一度、世界を変えるイノベーションを起こした創業者たちの頭の中を覗いてみることをお勧めします。

そして、ここでいま私が言ったことは、こうした大物経営者だけに限った話ではなく、すべてのビジネスパーソンに通じることなのです。

あなたは何によって立ち、生きるのか

序章で、人間とほかの動物のもっとも大きな違いは、人間の脳が格段に発達し、言葉を操ることができるようになったことだと述べました。

それによって、人間は抽象的な思考が可能になり、まだ起きてもいない未来を心配したり、あるかどうかもわからない死後の世界を想像したりするようになり、逆に言うと、よけいなことをあれこれ考えることで、動物としての精神的安定性に欠けるようになりました。

そうすると、不安を抱えながら生きるには何らかの精神的な支柱が必要になり、何か心の支えになるものがなければ生きていけなくなったのが、私たち人間の特徴です。

この精神的支柱というのは、文化や社会や個人によってさまざまです。その拠り所となるのは、人種や民族や国といった大きなくくりであったり、家族や仲間といった自分の周りの狭い世界であったりと、人それぞれです。

たとえば、代表的な心の支えに宗教があります。宗教は人生に意味を与えてくれる非常に強力な武器であり、宗教が与えてくれる「大きな物語」に沿って生きていけるなら、これほど精神的に安定した生き方はありません。

ただし、その大きな物語を信じられない人にとっては、それを強制されることは苦痛以外の何ものでもありません。中世の宗教裁判に見られるように、かつて多くの人々が宗教的迫害によって死に追いやられました。

そして、今日においても、宗教が人々を幸せにするどころか、宗教が家庭を崩壊に導き、その恨みの連鎖が次々と新たな不幸を生み出していく様子を、私たちは日々目の当たりにしています。

そうした中でも、戦後の日本社会で際立っている特徴は、**「会社」という集団のプレゼンスの大きさ**ではないでしょうか。いまでこそ、日本のサラリーマン文化は「忖度」などの言葉で揶揄されるようになりましたが、戦争に敗れて「国」が求心力を失い、もともと強固な宗教的基盤もなければ、高度経済成長の中で家族の絆や地域社会とのつながりも薄れていく中で、「会社」というものが人々の精神的支柱になっていきました。

「会社」という閉ざされた単一組織の中のサラリーマンは、その組織の価値観に同化することで、忖度と右顧左眄の文化を育んできたのです。

精神的支柱をつくるための読書

フランスの哲学者ジャン＝ジャック・ルソーは、人間の不平等の起源を探った『人間不平等起源論』（光文社古典新訳文庫）の中で、人間が社会を形成すると他人の目に従って生きるようになるとして、次のように語っています。

野生人はみずからのうちで生きている。社会で生きる人間は、つねにみずからの外で生きており、他人の評価によってしか生きることがない。自分が生きているという感情を味わうことができるのは、いわば他人の判断のうちだけなのである。

これは、鳥や魚の大群が、あたかもひとつの巨大な生きもののように同調して動く様を思い起こさせます。それぞれの個体が周りの個体との距離を一定に保つという、数学者のマンデルブロが提唱したフラクタル理論で群れができあがっているのであって、実際には全体としての意思も、その群れを率いるリーダーも存在していません。

そのため、こうした大群（大組織）に身をゆだね、たゆたっている人にとっては、自分を持つ必要もなければ、本を読む必要もないということになります。なぜなら、読書を通じて精神的に自立することになれば、そうした群れの中では、むしろ「はぐれ鳥」になってしまうリスクがあるからです。

この問題は結局のところ、**個人が精神的に「何に拠って立っているのか？」**という問いに帰結します。

自分自身が大企業に長く勤めていた経験から思うのは、何も考えずに大組織に身をゆだねる生き方は、戦後の高度成長期を生きた日本人が、ほんの一瞬味わった、ある意味、幸せではかない幻だったということです。

でも、そうした生き方と、私がいまここで言っている「読書」は、まったく別次元のものです。たんに「寄らば大樹の陰」というマインドセットで、漫然と与えられた本を読むのだとすれば、それは私が言う「生き方」としての読書ではなく、「暇つぶし」のための読書でしかありません。

読書とは「自分が何を望むのか」を明らかにする作業

「精神的に立つ」ことを意識するというのは、自分が固有に抱えている問題に自覚的な状態であると言えるでしょう。

そして、その固有の問題を自分の力で超えていくために、手段のひとつとして人は本を手に取ります。そのために読書する人からは、「どんな本を読んだらよいですか？」という質問は生まれようがありません。

つまり、読書とは**「自分で自分をつくっていく」**ことであり、**「自分が何を望んでいるのか？」を明瞭にするための作業**にほかならないのです。

自分の身に降りかかった問題に向き合うときに、「どうして自分はこんなひどい目に遭うのだろうか？」と嘆くだけではなく、いま自分が置かれている状況に対して、自分はどう振る舞うべきなのかを考えるということです。

言い換えれば、**自分の視点の出発点を自分の外部から内部へと切り替えてみる**ということです。たとえば、サラリーマンであるなら、会社のあり方に自分の生き方を合わせるという順番ではなく、まず自分を起点に会社との向き合い方を考えてみたらどうですか、ということです。

『純粋理性批判』（岩波文庫）などの批判哲学で有名なドイツの哲学者イマヌエル・カントは、ものごとを認識する起点を対象から自分自身に180度転換したことを、自ら哲学上の「コペルニクス的転回」という言葉で表現しました。

天文学者のコペルニクスが天動説を引っ繰り返して地動説を唱えたように、いまこそ「自分の生き方にとって会社とは何か？」という、視座のコペルニクス的転回が求められているということです。

慌ただしい毎日の中で、「自分が何を望んでいるのか？」を見失ってしまうことはあるかもしれません。それでも、自分が本当は何を望んでいるのかを、自分の心に聞いてみてください。

まじめな方は、「自分が何を望んでいるかなんて急に聞かれても……」と困惑するかもしれませんが、「おいしいものが好き」「ファッションが好き」「ゲームが好き」という程度のことで構いません。あるいは逆に、「飲み会は嫌い」「SNSはあまり好きじゃない」というように、何かしら自分について考えるための取っ掛かりがあるはずで、そこを起点にしてください。

もっと言えば、**自分は何をしているときに「幸せ」を感じるのか？**　そうした感覚的なものを、読書を通じて自分なりに考えてみてください。そして、その小さな核の周りに、「自分」というものを構築していけば、他人から与えられた、ふわふわした「自分」ではなく、もう少し地に足のついた「自分」が見えてくるはずです。

そうすれば、ルソーが言っている「つねにみずからの外で生きており、他人の評価によってしか生きることがない」状態から抜け出して、スタートラインに立つことができるはずです。

人間の精神的三大欲求

ここまでは、自分の内なる声に対してもっと耳を傾けましょうということですが、ここからは、もう少し普遍的な話に移りたいと思います。

しばしば、人間の三大欲求として、「食欲」「睡眠欲」「性欲」が言及されます。これらは肉体に起因するものですが、これに対して、私は、**人間を人間たらしめている精神的な欲求というのは、「知りたい」「自由になりたい」「幸せになりたい」という三つ**ではないかと考えています。

この三つの欲求については、古来より繰り返し議論されてきています。

知りたいという欲求は、哲学に始まる学問の基礎そのものですし、「自由論」や「幸福論」についても、多くの著書が出版されていますので、ここではそれらの概略を説明するにとどめます。


まず「知りたい」という欲についてですが、これを動物学的に説明するのは難しくありません。人間がまだ野生の脅威にさらされていたその昔、暗闇に何が潜んでいるのかを知りたい、どこに獲物がいるのかを知りたいといった、自己の生存にかかわる実存的な要請が「知りたい」という欲求を高めたのだと思います。

さらに、人間の頭脳が発達して言語を持ち、抽象的な概念について思考を巡らすことができるようになったことで、こうした知的欲求が飛躍的に高まったということなのではないでしょうか。

いまから約2400年前の古代ギリシアの哲学者アリストテレスは、『形而上学』（岩波文庫）の冒頭で、**「すべての人間は、生まれつき、知ることを欲する」**と書いています。そして、その感覚的な欲求が、記憶力、経験（知識）、技術（理論）を経て、「知恵（ソフィア）」

につながり、知恵を愛することが「愛知」、すなわち今日的な意味での「哲学（フィロソフィー）」につながるのです。

次に「自由になりたい」という欲についてですが、**人間の歴史というのは、自由を求める人々の歴史**でもありました。古代ギリシアやローマの時代の奴隷制度とそこからの解放に始まり、現代における自由の概念につながる社会契約説、それを理論的支柱として、封建制度や絶対王政の打倒を目指した市民革命から20世紀の公民権運動に至るまで、人々は長いあいだ自由を求めて戦ってきました。

代表的な自由論についての本としては、イギリスの哲学者ジョン・スチュアート・ミルが著した『自由論』（岩波文庫）が挙げられます。ミルは功利主義の観点から、人は自らの行為が他者に危害を加えない限りにおいて、好きな振る舞いをする自由があるという「危害の原理」を唱えたことで有名です。

また、カントも、『純粋理性批判』や『実践理性批判』（岩波文庫）において、人間が道徳的に振る舞うための前提として、自己を超越した、理性によって実現される根源的な形態としての「超越論的自由」を論じています。

カントまで来ると、私たちが日常的に思っている「自由」とはだいぶイメージが違うのですが、いずれにせよ、こうした長い歴史の積み重ねの結果、現在では、日本を含むいわゆる西側先進国といわれる国々は、国のあり方として、民主主義や資本主義に加えて、自由主義を標榜しています。

最後の「幸せになりたい」という欲についてですが、これも歴史的に数多くの幸福論が著されています。

アリストテレスの『ニコマコス倫理学』(岩波文庫)の冒頭では、「いかなる技術、いかなる研究《メトドス》も、同じくまた、いかなる実践や選択も、ことごとく何らかの善(アガトン)を希求している」とし、人間の目的としての善の追求が挙げられています。

そして、人間が求める究極的な目的としての「最高善」は「幸福」(エウダイモニア)のことであり、それはすなわち「善く生きる」ということでした。

それ以降も、ショーペンハウエルなど著名な思想家や作家によって、数多くの幸福論が出版されていますが、今日「三大幸福論」と言えば、スイスの哲学者カール・ヒルティ、フランスの哲学者アラン、イギリスの哲学者バートランド・ラッセルの3つの『幸福論』を指します。

また日本では、慶應義塾大学の前野隆司教授が幸福学を提唱していて、『幸せのメカニズム──実践・幸福学入門』(講談社現代新書)をはじめとした、多くの幸福論の本を出版しています。

その中で、前野教授は、人間が幸せな状態になるためには、「幸せの4つの因子」と呼ぶ、「やってみよう」「ありがとう」「なんとかなる」「ありのままに」の四つを伸ばすことを勧めています。

このように、「人間にとっての幸福とは何か?」「どのようにしたら幸福になれるのか?」について語っている幸福論は山のようにあります。

他方で、「人間はなぜ幸せになりたいと思うのか?」ということ自体は、あまりにも当然すぎる前提だからだと思いますが、「万学の祖」と呼ばれるアリストテレスも含めて、じつはあまり議論がなされていません。

これについては、徳島大学の山口裕之教授が、『「みんな違ってみんないい」のか?――相対主義と普遍主義の問題』(ちくまプリマー新書)の中で、次のように述べています。

ベンサムが言うように、人間は幸福を求めるものだというのは、人間について普遍的に当てはまる事実だと思われます。これはブラウンの「普遍的なもの」のリストには入っていませんが、あまりにも当たり前すぎてかえって意識されなかったのかもしれません。

ちなみに、ここで言及されているベンサムは、功利主義の創始者として知られるイギリスの哲学者ジェレミ・ベンサムです。また、ブラウンというのは、カリフォルニア大学サンタバーバラ校のドナルド・ブラウン名誉教授のことです。人類学者として人間性の普遍性に関する研究で知られ、『ヒューマン・ユニヴァーサルズ——文化相対主義から普遍性の認識へ』(新曜社)の中で、地球上の全ての文化に普遍的に見られる要素、パターン、特徴、習慣があるとして、それを「ヒューマン・ユニヴァーサル」と呼んでいます。

人間が幸せを求めるものであるという普遍性も、知的好奇心と同じように生存と結びついた根源的な欲求として、動物行動学的に説明できるのかもしれません。

その理由はともかくとして、ここであえてその理由を深掘りするまでもなく、**私たち人間はそもそも幸せを求める生きものだ、**と言えるのではないかと思います。

頭と身体を使いながら「思考」を深めていく

自分が幸せであるかどうかについては、感覚的に漠然とはわかるものの、具体的に自分は何をすれば幸せになれるのかを考え始めると、それほど簡単な問題ではありません。

でも、そうした簡単ではない問題を、本をひもときながら自分なりに考えを整理し、確認していきましょうというのが、本書の主題のひとつになります。

もちろん、幸せについて考えるのだから、取っ掛かりとして、先に述べた『幸福論』を読んでみるのもよいでしょう。

そのすべてをここで紹介することはできませんが、先に紹介した中でも私が好きなアランは次のように述べています。

悲観主義は気分によるものであり、楽観主義《オプティミスム》は意志によるものである。

しあわせだから笑っているのではない。むしろぼくは、笑うからしあわせなのだ、と言いたい。

つまりアランは、人間というのは自らの意志で幸福になろうとしないと幸福にはなれない存在であり、**幸福とは意志と自己克服によるものだ、**と考えたのです。そして、幸福になるには「幸福になるのだ」という強い意志をもって自分を律する必要があり、結局のところ、それは「心と体の使い方で決まる」と考えました。

このような言説を読書を通じてインプットしながら、同時に頭だけでなく身体も使って体験（実践知）を積み上げていく。そして、自分が幸せになるとはどういうことなのかを、また本を手に取って考え直してみる。こうした地道な繰り返しによって、ようやく「自分が何を望んでいるのか」を、自分なりにつかめるようになるのです。

さらに、**「自分という個人にとっての幸せとは何か？」を敷衍していくと、必然的に、人間集団にとっての「幸せな社会とはどういうものなのか？」という問いにもつながっていきます。**

それが個人や一部の集団だけにとっての「善」ではなく、社会全体にとっての「共通善」という考え方につながるのです。

こうした視点で、人間にとっての幸福、つまり最高善を実現するための国家体制とは何かを論じたのが、アリストテレスの『政治学』(岩波文庫)です。この本は、『ニコマコス倫理学』の続編として書かれたもので、人間は「ポリス(古代ギリシアの都市国家)的動物」であるとしたうえで、家族から始まった人間集団が、最高善を目指す共同体としてのポリスに至る過程を説明しています。

そして、共同体の政治形態としてもっとも望ましいのは、多数の市民が参加する共和制であるという結論に至ります。ただし、ここで一言だけ付け加えておきますと、残念ながら当時の「市民」には、女性や奴隷、外国人などは含まれていませんでした。

私たちは、漠然と「幸せになりたい」と考えていますが、このような読書体験を通じて、自らの思考をまとめることで、自分なりの考える道筋を構築し、より普遍的な思考を身につけることができます。そして、具体的に自分はどのような行動を起こしていけばよいのかにつながる、行動指針となっていくのです。

習作を描くように一冊一冊を読んでいく

ここまで述べたような、「自分で自分をつくっていく」読書は、当然ながら一朝一夕には成しえません。わかりやすくたとえると、まったくの登山の素人が、明日いきなりエベレストを登頂しようと思っても登れるわけがないのと同じようなものです。

そうではなく、いつの日かエベレストに登ることを意識しながら、毎日コツコツと登山の準備をし、トレーニングを積み重ねて、まずは高尾山など近場の山に登ってみる。そして、近場の山で登山に慣れてきたら、次は富士山、そして日本アルプスに挑戦してみる。それに慣れてきたら、次は世界の山々に……というように、体験を積み重ねていくことが必要なのです。

これは、どのようなものごとにも当てはまります。たとえば、壁画の大作を描こうとしても、画家はいきなり壁面に絵を描き始めるわけではありません。普通のサイズの絵を描くときでも、小さな習作やデッサンを何枚も描いてみて、それらをあでもないこうでもないと組み合わせて、ようやく最後にひとつの絵として仕上げるわけです。

これは、「万能の天才」レオナルド・ダ・ヴィンチであっても同様です。彼が半世紀にわたって書き綴った膨大な数の手稿やドローイングは、『レオナルド・ダ・ヴィンチの手記』（岩波文庫）としてまとめられています。そこには、彼が興味を惹かれたあらゆるものが記録されていて、全体の約3分の2が失われてしまったにもかかわらず、まだ7200頁程度が残っているとされます。

絵画の構成案、衣服の習作、顔や感情表現、動物、乳児、解剖、植物の習作や研究、岩石の組成、川の渦巻き、兵器、ヘリコプター、土木・建築……というように、彼の興味・関心はきわめて広範囲にわたっており、その中には語学の練習ノートまで含まれています。

ちなみに、日本でも2005年に開催された「レオナルド・ダ・ヴィンチ展」では、ビル・ゲイツが所有する「レスター手稿」が一般公開されました。私はそれを直接見に行きましたが、そのときに見たダ・ヴィンチの圧倒的な筆致はいまでも忘れられません。

そうした現存する7200頁もの、ダ・ヴィンチの自筆ノートをすべて読破したうえで評伝を著したのが、世界的な伝記作家ウォルター・アイザックソンの『レオナルド・ダ・ヴィンチ』（文春文庫）です。ダ・ヴィンチについては数多くの本が出版されていますが、この本は、作品に焦点を当てたこれまでの評伝とは一線を画した、「ダ・ヴィンチ伝の最終決定版」といわれています。

その中でアイザックソンは、ダ・ヴィンチはアインシュタインやニュートンのような神から与えられた超越した頭脳と才能を持った「天才」ではなく、その素晴らしい業績は、人並み外れた好奇心と徹底した観察力のなせる技だったと述べています。

つまり、ダ・ヴィンチの天才性は、常人に理解できる範囲のものであり、努力さえすればある程度は誰にでも学習できるということを、繰り返し強調しているのです。

彼を天才たらしめたあくなき好奇心や進取の気性は、与えられた知識を受け入れるだけでなく、**「積極的に疑問を抱くこと」「想像力を働かせること」「人と違った発想をすること」の大切さ**を、私たちに教えてくれています。

読書についても同じで、一足飛びに何かの答えを求めても意味がありません。考えてもわからないことはたくさんありますが、それでも、考えるのをあきらめないことが必要なのです。

幸せになるために本を読むといっても、まず自分にとっての「幸せ」が何なのかを考え、本によって疑似体験し、それを感じていかなければ、深いところまで到達できません。

いわば、**自分の人生の習作をひとつずつ描いていくのが、今日の一冊の読書**なのです。

ときには習作がうまくいかなかったように、「これはダメだったな」という本を手に取ることもあります。でも、そんな体験があるからこそ、次の本を選ぶ選択眼が磨かれていくのです。

人間は、体験の積み重ねで成り立っています。**瞬間、瞬間の選択があなたという人間をつくっていくからこそ、「どんな本を読むか」「どの本を選ぶのか」という選択が、非常に重要**なのです。

本はすべてネットワークでつながっている

ここまで何冊かの本を紹介してきましたが、たとえば、アリストテレス『ニコマコス倫理学』→アリストテレス『政治学』→ヒルティ、アラン、ラッセル『幸福論』→前野隆司『幸せのメカニズム――実践・幸福学入門』→山口裕之『「みんな違ってみんないい」のか?――相対主義と普遍主義の問題』→ドナルド・ブラウン『ヒューマン・ユニヴァーサルズ――文化相対主義から普遍性の認識へ』というように、一冊の本は関連する別の本と密接につながって、広がっていることがわかります。

東京工業大学の橋爪大三郎名誉教授は、『正しい本の読み方』(講談社現代新書)の中で、

本と本はネットワークを築いていると述べています。

人と人がつながってネットワークを築いているように、本にもネットワークがあり、一冊の本にはその本を生み出した別の本があり、その別の本を生み出したさらに別の本が存在します。なぜなら、本を書く著者は多くの場合、別の本を何十冊、何百冊と参照したうえで、新しい本を書くからです。

つまり、本の書き手は、同時に読み手でもあるということです。

そこで橋爪名誉教授は、**本を選ぶときは、その本が持つネットワークの構造を理解し、「ネットワークの節目」となる本を読むことがポイントになる**と述べています。

要するに、本というものは、まるで脳細胞のようにすべてがネットワークでつながっていて、その中でも相対的に重要な本とそうでもない本があるということです。

重要な本というのは、これまで人類が歴史的に参照してきた、知の神経細胞の結節点のような本のことで、それらは多くの人が通ってきています。ですから、その結節点が大きければ大きいほど、その本は読んでおいたほうがよいことになります。

きちんとした学術論文を書いたことがある方ならわかると思いますが、論文を書く場合には、自分が書こうと思っている領域の中で重要な本や論文は、まず一通り読んでみる必要があります。そのうえで、その先に何が言えるのか、新しい主張を盛り込めるのかということで、論文を書き上げていくのです。

つまり、論文というのは、まさにこうした知のネットワークを意識して仕上げていくものなのです。

もちろん、普通の読書の場面において、そうしたやり方に従うべきだと言っているわけではありませんが、ある程度、定番や定評を得ているような本は一度読んでおかなければ、人類がどのような道筋で知を進化させてきたのかが充分に理解できません。

そうした意味もあり、私自身は人類が残してきた200冊を厳選して『読書大全』を書いたのですが、紹介する本ごとに、それぞれの「参考図書」を同じページ内に数冊選ぶことにもこだわりました。

これがまさに橋爪名誉教授の言う本のネットワークの表現になっていたのだと思います。そして、その点について、たくさんの読者から「著者のプロフィール紹介と参考図書の部分がとてもよかった」という反響を頂きました。

ネットワークの結節点が古典

現在、世界には約80億人が存在しますが、これまでに亡くなった人も含めた人類の数を累計すると、約１１００億人が存在していたと推計されています。

文字が誕生したのが紀元前６千年紀（紀元前５０００年代）ごろといわれ、人口が爆発的に増えるのが18世紀の産業革命以降ですから、おおむね人類の大半は文字とともに生きてきたということになります。

したがって、その１１００億人の人間が生きて、「どのようにものを考えてきたか」という知の集大成こそが本のネットワークであり、またそのネットワークの結節点にあるのが、いわゆる古典と呼ばれるものなのです。

多くの人が同じ本を読み、それに共感したからこそ、５００年も１０００年も残ってきた。もちろん、自分もそれらの本に書かれていることと同じように考えなければいけないというわけではありません。でも、「人類はどのように考えてきたのか？」「世の中の人はどのように考えているのか？」という思考の枠組みを知るためには、大いに参考になるはずです。

わかりやすく言えば、**歴史の風雪に耐えて生き残ってきた本というのは、人類にとってのいわば共通言語**なのです。

学術論文について説明したように、学者の世界では「この学問をやっているなら、だいたいこのあたりの本は全部読んでいる」という共通認識が、それぞれの学問分野ごとにあるものです。そうした知のベースが揃っているからこそ、それを踏まえたうえでの議論が成立し、またさらなる発展をしていくことができます。

誰もが知を学問的な意味で突き詰める必要はありません。ただ、人類の知のベースになっているような、ネットワークの結節点にある本を読んでおくと、ものごとの理解がより進みやすくなるのもまた事実です。

読書はお金儲けにつながるか？

本章のタイトルは「人生を変える読書」ですが、もうひとつよくある質問にもお答えしておきます。

それは、読書をすることで「お金は儲かるのか？」「成功は得られるのか？」という問いです。じつは、同じことは教養についても尋ねられます。

これついては、私はいつも「読書によって収入や成功が得られるとは限りません」とお答えしています。

むしろ、よけいなことを考えないほうが、お金が儲かる可能性は高いかもしれません。とくに現在の資本主義社会においては、資本主義のルールをよく理解し、そのゲームに勝つための戦略的な生き方をするほうが、確実にお金や成功につながります。

それはどのような振る舞い方なのか？

ドイツの社会学者マックス・ウェーバーは、資本主義の精神がどこから来たかを論じた『プロテスタンティズムの倫理と資本主義の精神』（岩波文庫）の中で、アメリカの資本主義を称して「スポーツ」と述べていますが、約120年経った現在、その傾向はさらに強まっている感があります。

営利のもっとも自由な地域であるアメリカ合衆国では、営利活動は宗教的・倫理的な意味を取り去られていて、今では純粋な競争の感情に結びつく傾向があり、その結果、スポーツの性格をおびることさえ稀ではない。

そもそも、**「それって儲かるの？」という問いの立て方が、きわめて現代資本主義的な発想です。**資本主義というスポーツの領域に限定して考えれば、その世界の中では、お金を儲けることが絶対的な真理であり正義です。そこで何かを推進しようとすれば、「これをやれば儲かります」と言ったほうが、はるかに説得力があるのです。

わかりやすい例を挙げると、いま世界で急速に広がりつつあるＥＳＧ（環境・社会・統治）の概念にしても、それを採用することで本当に儲かるのかどうかはわからなくても、とりあえず「ＥＳＧは儲かります」としておいたほうが、社会を駆動する資本主義というＯＳ（オペレーティングシステム）の上には乗っかりやすくなるのと同じことです。

つまり、お金を儲けるためには、何よりもまず資本主義のルールを理解し、そのＯＳ上でもっとも効率的に動くことが大事で、そのために私がここで書いているような読書が役立つかと問われると、「それほど役立つとは思えません」と言わざるをえないのです。

お金を儲けることや、そのために他人に勝つことが目的なら、読書や教養はかえって邪魔になるとさえ言えます。「自分は何のために生きているのか？」などと真剣に考えていたら、資本主義経済の速い動きにはついていけませんから。

ですから、「読書でお金が儲かりますか？」という質問に対しては、「金銭的な意味で成功したいなら、資本主義の仕組みとルールを理解して、その中で最適化して生きていくにはどうしたらよいかだけを追求したほうが早いですよ」というのが私の答えです。そして、そうしたニーズに応える本であれば、巷に大量にあふれています。

これについては後述しますが、私は長年金融業界で働いてきたので、そうした資本主義という「スポーツ」にルールがあり、それに最適化した振る舞い方や生き方があることは重々承知しています。

資本主義は、「資本」という主役をどれだけ高速回転させて、自己増殖するようにもっていくかのゲームであり、その燃料として、自然環境や人間の欲望、さらには人間そのものまでもが費消されていくのです。

ただし、そうした振る舞い方と、これまで私が述べてきた、自分の「内なる声」を聞くということは、まったく別のものです。

なぜかといえば、まさに私自身がかつてそのように生きてきて、「自分は何のために金融をやっているのか?」「なぜこれほど懸命にお金の計算をしているのか?」「自分はなぜ銀行や証券会社にいるのか?」と、仕事をする意義だけでなく、生きる意味すらもどんどんわからなくなっていった経験があるからです。

いずれにせよ、「読書は儲かる」と答えたほうが現代資本主義社会では支持されやすいですし、そのようにマーケティングしたほうが本もたくさん売れるでしょう。出版社の立場からしてもそうだと思います。

本を執筆するたびに思うのですが、出版社の編集者の多くの方々も、自分がどのようなゲームを戦っているのかについて、あまり自覚的ではないように感じます。

本が売れないと困るし、売れないなら編集会議で企画が通らないし、たくさん売ってすごい編集者だといわれたいし、でもこの本は自分が編集したのだと誇れるような歴史に残る本をつくりたいし、そもそも好きでもない本の編集はしたくないし……というように、いろいろな矛盾するゲームを一度に戦っているような印象を受けます。

ですが、私がここで言いたいのは、**必ずしも儲かることにはつながらない読書にこそ、読書の深みがある**ということです。

「内なる声」を聞くことなく過ごした若手時代

私は20代から30代の半ばにかけて、そうした自分の「内なる声」を聞くことなく、ただ与えられた目の前の仕事だけを懸命にこなすように生きていました。

私が育った昭和の時代には、自分の好き嫌いを前面に出すなどということは、いわば子どもじみた振る舞いであり、一人前の大人というものは「社会から与えられた役割をきちんと果たすことだ」という暗黙の了解が、一種の社会規範として強く存在しました。

いま思い返してみると、とてもおかしな話なのですが、子どものころの夢をあきらめることが大人になることだと思われていた節もあります。

「やっとお前もつまらない夢をあきらめたか。これでやっと一人前の大人になったな」と言われるような、そんな雰囲気や価値観が世の中に蔓延していました。これには、戦後の学生運動の挫折という、いまの団塊の世代を中心とした人たちの経験とトラウマが大きく影響していたのかもしれません。

当時、多くの中流家庭がそうであったように、教育熱心な親に育てられ、私は進学校からいわゆる一流大学に進学し、銀行に就職して普通のサラリーマンになりました。ただ、教育熱心といっても、当時の「教育」というのは、「よいといわれている学校に入ること」を意味していて、そこに「教養」や「修養」という、人間的な要素はみじんも含まれていませんでした。

当時の銀行というのはとても安定した組織で、銀行員というのは社会的にも信用される、間違いのない職業の代名詞のような存在でした。

他方で、中学・高校ととても自由な校風の学校で教育を受けた体験から、私は社会に出てからこうした社会的な暗黙のプレッシャーに対して違和感を持つことも多く、漠然と「こんな檻みたいなところは早く辞めて、もっと自由に生きたいな」とも思っていました。

そうはいっても、当時の時代背景を考えれば、起業はおろか大企業から転職することでさえ清水《きよみず》の舞台から飛び降りるような大きな決断でしたから、現実的な人生の選択肢はかなり限られているように思われました。

そのような時代に、いったん就職してしまえば一生安泰と考えられていた銀行を辞めて、明日がどうなるかもわからない世界へ飛び込むことを思うと、「やはり自分は子どもじみた夢を見ているのではないだろうか？」と思い直し、自分を抑え込んで悶々《もんもん》としていた時期が長く続いていました。

「読まなければならない」から本を読むという日々

こうした中での自分自身の若いころの読書遍歴を思い返しても、金融関係の資格試験、留学準備、アメリカの大学院での授業、アメリカの司法試験……と読まねばならない本がたくさんあり、ひたすらそれを読破していく日々を送っていました。自分が本当は何を読みたいのかなどと考えもせず、ただ山のように控える試験にすべて受かるために、ひたすら知識をインプットしていくような読書を続けていました。

当然ながら、そのような読書はまったく楽しくなく、いわば「朝9時に会社へ行かなくてはならないから行く」というのと同じで、私にとってはやらなければならない、こなさなければならない義務にすぎませんでした。

ただ、そうした読書を続けられた背景には、「こんな牢屋のような社会から絶対に抜け出してやる」という、ある意味、後ろ向きで強烈なモチベーションがあったのも事実です。

いまでもそうした傾向はありますが、当時の銀行というのは、事業会社と違ってこまかいルールで縛られることが多く、基本的には優等生的で保守的な性格の人が多い職場でした。

銀行法という枠内では、できることが限られていますし、やることも決まっているので、そうしたレッドオーシャンの世界で繰り広げられるのは、テレビドラマの『半沢直樹』に出てくるような内向きの出世競争であり、そこには「何のために?」という大義がないように感じていました。

おそらく、私のもう二回りくらい上の世代の方々は、「敗戦で灰燼《かいじん》に帰した日本をゼロから立て直す」という、重要かつやり甲斐のある使命感を背負って仕事をしていたのではないかと思います。それが、「ジャパン・アズ・ナンバーワン」以降は、目標のない安穏のうえで漂流し始めていたのだと思います。

20代の初めのころは、ある程度我慢すればその先に光明が見えるのではないかと思っていましたが、実際に10年も働いていると、ただ我慢していても、その先には何もないことがわかってきます。

平社員の次は係長、その次は課長、部長、取締役、常務、副頭取、頭取と、仰ぎ見るようなピラミッドの頂上を目指しても、その先にはまだ銀行協会や経団連などの連峰が連なっていて、そこには無限の秩序と序列が広がっていました。

そして30代も半ばになると、ただ組織に自分の時間とエネルギーを吸い取られ、意味もなく我慢していることで、世の中に対する恨みのような感情がふつふつと湧いてきて、自分の体内に澱《おり》のように蓄積していくのを感じ始めました。

いわゆる、ニーチェが言うところのルサンチマンの感情です。

「もしかしたら、人間としておかしくなってきているのかもしれない……」

そう感じた私は、さすがにこれは危ないと悟り、37歳で会社を辞める決心をしました。

このまま勤め続けて40、50代になったときに、「こんなに会社に尽くしてきたのに、この会社はこれしか報いてくれないのか？」と恨み節を言っている自分の姿が、はっきりと目に浮かぶようになってきたからです。

そして万が一、針の穴を通すような確率で会社の中で成功してトップを極めたとしても、この恨みの感情を自分の後輩たちにも押しつけるのではないかという不安と絶望が、どんどん増幅していったからです。

人生の道半ばで迷う

もう少しくわしくお話しすると、じつはそうは思いながらも、実際はなかなか銀行を辞める踏ん切りがつかずに悶々とした日々を送っていたのです。それが、37歳のときに会社を辞める大きな転機が訪れました。

「この平凡な人生がずっと続くのかもしれないな」と感じていた、その予定調和が大きく崩れたのが、1997年に日本を襲った金融危機です。そこから日本経済は奈落の底に転落していくことになります。

1997年に東京地検特捜部が大蔵省（現在の財務省と金融庁）の接待汚職事件の捜査を始めたのをきっかけに、それまで銀行や証券会社や保険会社などが隠蔽を続けていた不良債権問題が一気に明るみに出て、これが未曽有の金融危機に発展していったのです。

そうした中で、北海道拓殖銀行や山一證券といった金融機関が次々と破綻し、長期信用銀行（現ＳＢＩ新生銀行）や日本債券信用銀行（現あおぞら銀行）などが国の管理下に置かれていきました。そして、私がいた日本興業銀行（現みずほＦＧ）もその渦中に巻き込まれ、金融再編のうねりの中で、現在のメガバンクグループへと統合されていきました。

こうした混乱の中で、本部の企画セクションにいた私は、不良債権問題や東京地検特捜部への対応に疲れ果て、もう銀行にはいたくない、でもそうはいっても生きる糧は得なければならないということで、外資系証券会社に転職することを決意したのです。

ただ、銀行を辞める直前にこうしたもろもろの問題への対応で心身ともに傷んでいたことで、転職先の外資系証券では精神科からもらった大量の薬を飲みながら仕事をしのぐという始末でした。

もともと間違いのない人生の選択肢として銀行を選び、そもそも情熱を持って始めたわけでもない金融という仕事をひたすらこなし続けた結果、私は「自分がなぜ働いているのか？」「自分は何のために生きているのか？」「自分は本当は何がしたかったのか？」、そうしたことのすべてがわからなくなっていました。

そして、そこにあるのは、ただ人生に対するむなしさと後悔だけでした。

『神曲』（河出文庫）で有名なフィレンツェの詩人ダンテは、35歳のときに暗い闇の中へ迷い込みます。その本の冒頭には、次のような一節があります。

人生の道の半ばで
正道《せいどう》を踏みはずした私が
目をさました時は暗い森の中にいた。
その苛烈《かれつ》で荒涼《こうりょう》とした峻厳《しゅんげん》な森が
いかなるものであったか、口にするのも辛《つら》い。

私もダンテと同じように、完全に道を踏み外し、誰も知らないどこか暗く遠い場所に迷い込んでいたのです。

心揺さぶられる本に出会うとき

そんなときに、ふと手に取った一冊が、瀬島龍三の『幾山河――瀬島龍三回想録』（産経新聞社）でした。

どのような経緯でこの本を手にしたのかは、いまとなってははっきりと覚えていません。私の父が軍人だったこともあり、陸軍大学を主席で卒業して大本営という日本軍の中枢にいた超エリートである瀬島龍三が、11年にも及ぶシベリア抑留を経て、その後、伊藤忠商事の会長にまで上り詰め、さらには中曽根政権のブレーンとして行政改革で中心的役割を果たしたという波瀾万丈の人生に興味を持ったからだと思います。

瀬島龍三は、山崎豊子のベストセラー小説『不毛地帯』（新潮文庫）のモデルにもなった、とても毀誉褒貶《きよほうへん》の激しい人物でした。ただ、私が興味を持ったのは、彼のドラマチックな出世物語ではなく、彼がシベリア抑留時代を回顧した部分です。

その一節に、「人間性の問題」という次のような文章があります。


自身が空腹のときにパンを病気の友に分与するのは、簡単にできることではない。しかし、それを実行する人を見ると、これこそ人間にとって最も尊いことだと痛感した。「自らを犠牲にして人のため、世のために尽くすことこそ人間最高の道徳」であろう。

それは階級の上下、学歴の高低に関係のない至高の現実だった。

私は幼少より軍人社会に育ち、生きてきたので、軍人の階級イコール人間の価値と信じ込んできたが、こんな現実に遭遇して、目を覚まされる思いだった。軍隊での階級、企業の職階などは組織の維持運営の手段にすぎず、人間の真価とは全く別である。

それまで銀行というピラミッド社会を生きてきた自分も、こうした人間の真実に気づかないまま、「会社内の階級＝人間の価値」と信じ込んできたのではないか？　そんな自分の内面というのは、本当は何もない空洞にすぎなかったのではないか？

そうした思いが心の中で渦巻いていました。

このとき、身につまされながら読んだ『幾山河』は、私の心に染み入るように深く強く入り込んできました。本を読んで、これほど激しく心を揺さぶられた体験は、生まれて初めてのものでした。

こうした出会いを「運命の一冊」というのかもしれません。あるいは、現代風に言えば、セレンディピティ（運命的出会い）とでもいうのでしょうか。

ただ、いま振り返ってもう少し冷静に考えてみると、それはたんなる抽象的な出会いではなく、そのときの自分の心の状態、つまり心構えがその本との出会いを待ち受けていたということのような気がします。

本との出会いも、まさに恋愛のように、出会いのタイミングが重要です。そして、それぞれの人にとって、そんな「いまの自分にとっての一冊」が、きっとどこかにあるのではないでしょうか。

人間はつねに「生きる」という問いの前にいる

このように、心の鍵が開いた瞬間にあなたを待ち受けている本に出会うことができれば、そこからは芋づる式にさまざまな本との出会いが待っています。

『幾山河』の次に、私はヴィクトール・E・フランクルの『夜と霧』（みすず書房）を読みましたが、これもまた別の意味で頭を殴られるような衝撃を受けました。

フランクルはユダヤ人の精神科医で、ナチスドイツ時代のユダヤ人強制収容所での過酷な生活を生き抜き、解放直後に著した同書は、世界の人々に衝撃を与えると同時に、世界的なベストセラーになりました。

その中に、私が衝撃を受けた、以下のような文章があります。

人は強制収容所に人間をぶちこんですべてを奪うことができるが、たったひとつ、あたえられた環境でいかにふるまうかという、人間としての最後の自由だけは奪えない（後略）。

ここで必要なのは、生きる意味についての問いを百八十度方向転換することだ。わたしたちが生きることからなにを期待するかではなく、むしろひたすら、生きることがわたしたちからなにを期待しているかが問題なのだ、ということを学び、絶望している人間に伝えねばならない。哲学用語を使えば、コペルニクス的転回が必要なのであり、もういいかげん、生きることの意味を問うことをやめ、わたしたち自身が問いの前に立っていることを思い知るべきなのだ。

つまり、**私たち人間は、つねに「生きる」という問いの前に立たされている**。そして、それに対して実際にどう答えるかが、私たちに課された責務だというのです。

それまでの私は、自分の身に降りかかる不幸を嘆いてばかりいました。「なぜ自分だけがこんな目に遭わなければならないのか？」「どこで道を踏み外してしまったのか？」「あのときにああすればよかった……」と、ひたすら自分の運命を呪っていました。

つまり、自分の周りで起きていることすべてを他人や環境のせいにして、自らを省みることをしなかったのです。

自分だけの一冊に巡り合うとは？

フランクルの『夜と霧』については、第2章でもう少し触れたいと思います。

じつは、この『夜と霧』という本を、私は大学生のときに一度読んでいました。ただ、当時は、誰かに勧められて読んだものの、強制収容所のあまりの凄惨さに、つらすぎて全部を読み切れませんでした。正直に言えば、あまりにも多くの人がただただ死んでいく様子に耐えられなかったのです。

当時の印象はその程度のものでしたが、37歳になって読み直したときは、これを自分の身に照らし合わせて、食い入るように読みました。これが本の不思議なところで、書かれている内容はまったく同じなのに、**読む人の姿勢や心持ち、置かれている環境などが変わることで、本の持つ意味がまったく変わってくる**のです。

たとえば、以前の私のように、試験のために本を読むというのは、ある意味では「人から評価してもらう」にはどうしたらよいかを考え、そのために一生懸命本を読むということです。つまり、「自分が何をしたいか」に思いが至っていません。

でも、他人のことはどうでもよいから、「自分はどう思っているんだ?」と考え、そこに焦点を当てて本を読み始めると、本の読み方がまったく変わってきます。「この本を読みなさい」と言われて読む本と、自分の心のアンテナに引っかかって、「この本、おもしろそうだ」と感じて読む本とでは、まったく別の体験なのです。

出会いのタイミングも重要な要素です。これは人についても言えることですが、「このタイミングで出会わなければ、この人とは付き合っていなかっただろう」、あるいは「別のタイミングで出会っていれば、本当はこの人とは仲よくなれたかもしれないのに」ということは、誰しも覚えがあるでしょう。

それと同じで、私も37歳のときに深く悩み、考え、苦しんでいなければ、『幾山河』や『夜と霧』には出会えていなかったでしょうし、その後も「自分だけの一冊」に通ずる入口は閉ざされたままだったかもしれません。

つまり、自分の側に受け入れる準備ができていなければ、どんなによい本であっても素通りしていってしまうし、「自分だけの一冊」には巡り合えません。逆に、本気で求めていれば、そうした本と不意に出会うことがあるのです。

第2章

生きるための読書

——不確実な人生を生き抜く力を手に入れる

自分の外に対する普遍的かつ根源的な疑問

第1章で、人間というものは、つねに「自分とは何か?」という根源的な疑問を持って生きているものだと述べました。そして読書は、この人類共通の疑問に向き合った数多くの著者との対話を通じて、その答えを自分なりに考えるきっかけになるものです。

タヒチに移住したフランスの画家ポール・ゴーギャンの有名な絵のひとつに、『我々はどこから来たのか　我々は何者か　我々はどこへ行くのか』(D'où venons-nous ? Que sommes-nous ?　Où allons-nous ?) という大作があります。人間が抱く根源的な疑問は、まさにそれに尽きると思います。

そして、この**人間の普遍的かつ根源的な疑問を大きく分けると、「自分の外に対する疑問」と「自分の内に対する疑問」だと考えることができます。**

まず、前者の「自分の外に対する疑問」については、これまで自然科学が驚くべき説得力をもって解き明かしてきたのはご存じのとおりです。他方で、いまだ解明されていない疑問もたくさんあります。その代表的なものは、やはり「宇宙の始まりと終わり」でしょう。

そもそも、私たちに見えるいわゆる「物質」は、宇宙全体の質量とエネルギーのわずか4％ほどを占めるにすぎません。たとえば太陽系は時速約80万キロという驚異的なスピードで宇宙を移動していますが、なぜ太陽系が銀河系を飛び出さないのかというと、それを引き留める巨大な力が働いているからです。

しかし、宇宙の星々やブラックホールなどをすべて合わせても、その重力は宇宙全体の約4％にしかなりません。ということは、その巨大な重力を説明するには、私たちには見えない暗黒物質（ダークマター）の存在を想定することになります。しかし、宇宙を膨張させている謎のエネルギーも合わせて考えると、理論上、その暗黒物質が宇宙全体に占める割合は、約23％にしかならないとされています。

つまり、すべての原子と暗黒物質を合わせても、ようやく約27％。残り約73％は未知の暗黒エネルギー（ダークエネルギー）であるとされていて、驚くことに宇宙を構成するものの約95％がわかっていないのです。

宇宙の終わりについても、まだはっきりとしたことはわかっていません。宇宙はビッグバン以来、膨張し続けていますが、この膨張エネルギーが次第に弱まっていき、膨張スピードが減速して、やがて逆に収縮に向かい、最後はビッグクランチによってつぶれるという説があります。

一方で、最近の観測では、宇宙の膨張スピードは加速していることが明らかになっています。となると、膨張スピードが無限大に達したときに、ビッグリップによって宇宙は引き裂かれ、分子や原子、最後には素粒子になるという説もあります。

こうなると、もはや私たちの想像を超えた世界ですが、そのような宇宙に関する最新理論を扱うのが素粒子物理学者です。

東京大学カブリ数物連携宇宙研究機構初代機構長の村山斉教授の『宇宙は何でできているのか――素粒子物理学で解く宇宙の謎』（幻冬舎新書）や、カリフォルニア大学バークレー理論物理学センター長の野村泰紀教授の『マルチバース宇宙論入門――私たちはなぜ〈この宇宙〉にいるのか』（星海社新書）などが、こうした宇宙の謎について、一般の人にもできるだけ理解しやすいように解説してくれています。

自分の内に対する普遍的かつ根源的な疑問

次に、後者の**「自分の内に対する疑問」**というのは、**「自分とは何か？」「心とは何か？」「精**

神はどこから来るのか?」といった自分自身の内面に関する疑問です。

また、それは「ＡＩ（人工知能）で解き明かせるのか?」「解き明かせるのならＡＩは心を持つのか?」といった問いにもつながります。

以前、ＡＩ研究の第一人者で、東京大学大学院工学系研究科人工物工学研究センターの松尾豊教授と話したとき、人間の精神や心というものはすべて機械工学的に解明できるのではないかということを話されていました。

他方で、松尾教授自身の「自分が自分であるという確信」がいったいどこから来るのかについては、やはりわからないということでした。そうすると、「ＡＩは心を持つのか?」という問い自体が何を意味しているのかを吟味するところから始めなければなりません。

もちろん、自然科学によって脳の構造と働きの解明は相当進んでいます。脳にはニューロンのネットワークが張り巡らされ、電気信号で動いており、どの部位がどのような働きを司っているのかなどはかなり明らかになってきました。

しかし、それら全体を統合すれば、「必ず心が生まれるのか?」「そもそも心は存在するのか?」といったことについては、まったくわかっていません。

「物質及び電気的・化学的反応の集合体である脳から、どのようにして主観的な意識体験（クオリア）が生まれるのか」という問題は、「意識のハード・プロブレム」と呼ばれています。

これは、オーストラリア国立大学の哲学教授で数学者でもあるデイヴィド・チャーマーズによって提起された問題で、これを契機として、意識（クオリア）は哲学と同時に科学の問題でもあるという認識が科学者コミュニティのあいだで広がりました。

現在、もっとも広く支持されている考え方は、大脳におけるニューロンの電気的活動に随伴して意識が生じるという仮説ですが、ニューロンの活動から心や意識が生じてくることを直接に裏付ける証拠はまだ見つかっていません。

ちなみに、チャーマーズ自身はハード・プロブレムは解けないと断言していますが、これに異を唱えているのが、アメリカの神経学者クリストフ・コッホです。

コッホは、著書『意識をめぐる冒険』（岩波書店）の中で、次のように語っています。

> 意識は、組織化された物質の塊、何らかの構造を持つシステムが元から持つ特性だと考えることができる。そして、システムの構成要素を調べたところで、意識という特性が説明されることはない。つまり、「意識は何らかのシステムの特性だ」というのが終点で、これ以上は還元主義では先に進めないということだ。
>
> この考えを突き詰めると、「相互作用する部分から成り立つシステムであれば、ある程度の意識を持つ」という法則が、この宇宙を支配していることになる。システム

の規模が大きくなればなるほど、また高度にネットワーク化されればされるほど、意識の程度はより大きく、より洗練されたものになる。

同様に、アメリカの神経科学者ジュリオ・トノーニは、物質としての脳からどのようにして主観的な意識経験（クオリア）が生じるのかを、情報理論における情報量の観点から理論化した統合情報理論（Φ《ファイ》理論）を唱えています。

ここでは、統合情報量というものを、情報の多様性と情報の統合の掛け算として認識し、Φという単位で定量化しています。そして、その掛け算の結果得られた量が、意識の量に対応しているというのです。

これについては、彼とその共同研究者のマルチェッロ・マッスィミーニの共著『意識はいつ生まれるのか――脳の謎に挑む統合情報理論』（亜紀書房）で解説されていますので、くわしく知りたい方はそちらを参照してみてください。

日本では、多摩大学の田坂広志名誉教授が、『死は存在しない――最先端量子科学が示す新たな仮説』（光文社新書）の中で、「ゼロ・ポイント・フィールド仮説」を唱えています。

これは、「この宇宙に普遍的に存在する『量子真空』の中に『ゼロ・ポイント・フィールド』と呼ばれる場があり、この場に、この宇宙のすべての出来事のすべての情報が『記録』されているという仮説」です。ここでは、宇宙意識と呼ぶべきものが、「『極めて原初的な意識』から始まり、一三八億年をかけて『知性を持った意識』を生み出した」という説明がなされています。

このように、人間の意識や心の問題については、さまざまな立場からさまざまな仮説が唱えられています。しかし現時点では、どの説も科学的に証明できているわけではなく、いまだ仮説の域を出ていません。

こうしてみると、じつは私たち人間には、宇宙の問題のほとんどがわかっていないし、精神や心に関する問題についても、ほぼ絶望的にわかっていないのです。

つまり、結局のところ、**私たちは自分たちが持つ根源的な疑問に対して、まだ何もわかっていない**ということなのです。

読めば読むほど自信がなくなり謙虚になる

このように、「自分の外に対する疑問」と「自分の内に対する疑問」を、読書を通じて考えていくと、どのような事柄についても、「本当にそれについて断定的に言えるのか？」という問題に行き当たります。そして、**ものごとを知れば知るほど、私たちは必然的に謙虚になっていかざるをえない**のです。

ソクラテスは、知恵者といわれる人物との対話を通じて、自分が無知であることを自覚している点で、自分はそうした知恵者よりも優れていると考えました。

その後、このエピソードは**「無知の知」**と呼ばれるようになりましたが、このように、知れば知るほど、学べば学ぶほど、自分の無知を思い知らされて、自信がなくなってしまうのは当たり前のことなのです。

他方で、世の中を見渡してみると、ある瞬間に、突然、宇宙の真理がわかったなどと流布する人がいます。でもそれは、何も知らないからこそ言えるわけです。

多摩大学の寺島実郎学長は希代の読書家として知られますが、30代の数年間ほど、ほとんど文章が書けず情報を発信できなかった時期があったそうです。ものごとを知れば知るほど、何をどう語ればよいのかわからなくなってしまったからだそうです。そして、その間も本を読み続け、ある時期にようやく再び情報発信ができるようになったのだと話されていました。

同じように、知れば知るほど、何も考えずに行動するのが難しくなるということがあります。私は第1章で、「読書によって収入や成功が得られるとは限らない」と述べましたが、これも、さまざまなものごとを知れば知るほど、資本主義社会の中で無邪気にプレイすることができなくなってしまうからです。

第1章で触れたように、私は30代後半で「自分とは何か?」という根源的な疑問に悩み、仕事をする気もなくなって、「いったい自分はどうすればよいのだろう?」と袋小路に陥りました。

同僚たちがみな、まるで機械であるかのように仕事をしているように見えてしまい、もう自分は同じようには働けないと感じました。そのときの感覚は、あたかもジョン・カーペンター監督のSFホラー映画『ゼイリブ』を観ているようでした。

これはSF映画の古典的名作で、主人公が偶然手に入れたサングラスをかけると、じつは人間世界に異世界の存在が紛れ込んでいることがわかってしまうというストーリーです。そこで意図されているのは、現代世界を支配する資本主義やマスメディアに対する警告だといわれています。

「何もわからない気持ち悪さ」に耐えて生きる

では、自信を失わないためには学ばないほうがよいのかというと、もちろんそうではありません。人は学べば学ぶほど自信を失う反面、学べば学ぶほどそんな自信のなさに対して、自分なりに対峙していく精神力や覚悟を身につけていくからです。

自分が何もわかっていないことの気持ち悪さに耐えて、足元がグラグラしていても一歩一歩前へと進んでいく芯の強さを養うこと。――これこそが教養を身につける意味なのではないでしょうか。

学べば学ぶほど世の中や自分のことがわかるようになり、自信満々になっていく……という単純な話ではなく、学べば学ぶほど世の中には単純な真実や確かなことなど存在せず、むしろ世界や人生というのは、不安定な状態が普通なのだということがわかっていく。

それでも人は生きていかなければならないし、実際にいま生きているという現実を素直に受け止め、人生の意味だとかなんだとか偉そうに言う前に、まずは「きちんと生きてみること」が自分に課せられた使命だと理解することがスタートラインだということです。

フランクルが『夜と霧』で述べているように、私たち人間はつねに「生きる」という問いの前に立たされており、「生きることがわたしたちからなにを期待しているか」に真摯に向き合うことが大事なのです。

これに関連して、文芸評論家の加藤典洋の『どんなことが起こってもこれだけは本当だ、ということ。――幕末・戦後・現在』(岩波書店)という本を紹介します。

その中に、宮崎駿監督の映画『千と千尋の神隠し』について、次のような創作秘話が書かれています。

宮崎さんは、養老孟司さんとの対談で、なぜ『千と千尋の神隠し』(二〇〇一年、以下、『千と千尋』)を作ったか、と尋ねられ、こう答えています(『虫眼とアニ眼』二〇〇二年〔新潮文庫〕)。あるとき、たまたま一〇歳くらいの子どもたちを見ていた。そしたら、自分は彼らに対し、いま何が語れるだろうか、という考えが浮かんだ。最後には正義が勝つ、なんて物語を語ろうという気にはさらさらなれなかった。そうではなく、「とにかくどんなことが起こっても、これだけはぼくは本当だと思う、ということ」、それを語ってみたい、と思った。そして、この最初のモチーフを手放さないでいたら、『千と千尋』ができた、というのです。

宮崎監督が「どんなことが起こっても、これだけはぼくは本当だと思う」こととは何だったのかについて、加藤は次のように解釈しています。

「世界には不正がある。しかしいつどんな場合でもそれを覆し、是正できるとは限らない。とはいえ、だからといって何もできないわけではないし、何をしても無駄だということでもない（……）。できないことがある。しかし、その限られた条件のなかでも、人は成長できる。また、「正しい」ことを、つくり出すことができる」

加藤は、これが宮崎監督のモチーフの中身だと言います。私は、宮崎監督が言う「どんなことが起こっても、これだけはぼくは本当だと思う」ことと、フランクルの言う「生きることがわたしたちからなにを期待しているか」を突き詰めることは、じつは同じことを意味しているのではないかと思います。

『夜と霧』の中で、フランクルはこうも述べています。

生きることは日々、そして時々刻々、問いかけてくる。わたしたちはその問いに答えを迫られている。考えこんだり言辞を弄《ろう》することによってではなく、ひとえに行動によって、適切な態度によって、正しい答えは出される。(中略)

この要請と存在することの意味は、人により、また瞬間ごとに変化する。したがって、生きる意味を一般論で語ることはできないし、この意味への問いに一般論で答えることもできない。ここにいう生きることとはけっして漠然としたなにかではなく、つねに具体的ななにかであって、したがって生きることがわたしたちに向けてくる要請も、とことん具体的である。この具体性が、ひとりひとりにたったの一度、他に類を見ない人それぞれの運命をもたらすのだ。だれも、そしてどんな運命も比類ない。どんな状況も二度と繰り返されない。そしてそれぞれの状況ごとに、人間は異なる対応を迫られる。

つまり、人生というのは、自分の外にある「人生」という何か抽象的な概念ではなく、つねに特定の個人と紐づけられた、具体的で一回限りのものだということです。その一回限りの具体的な問いに対して実際にどう応えるのか。そうした日々の積み重ねこそが、その人の人生を築き上げていくのです。

自分の人生は自分で生きるしかありません。他人の人生を生きることはできないし、他人に自分の人生を生きてもらうこともできません。つまり、「自分」と自分の「人生」は別々に存在しているわけではなく、**自分の人生を生きることこそが、自分そのものだ**ということなのです。

自分は「何がわかっていないか」を知る

自分が何もわかっていないことの気持ち悪さに耐えながら、それでも前に進む力を身につけること。これが教養を身につけることだと述べました。

ですが、巷には「こうすれば教養が身につく」「ビジネスパーソンに効く教養」などという記事や本が氾濫しています。そのように、教養をただの知識や情報のようにみなす態度、つまり、「自分の外にあるモノ」として考えるようなとらえ方は、いまここで私が語っている「教養」とはまったく別のものです。

教養をどのように解釈するかは人それぞれで構いませんが、そのように教養を自分とは離れた対象物としてとらえている限りは、自分の人生と結びつけて考え、自らの血肉としていくことはできません。

私なりに考える**教養の本質というのは、自分をとらえている「枠組み」をしっかりと認識したうえで、より高い次元からのメタ思考ができること**です。

つまり、自分がとらわれている環境的な制約、自分をとらえている既成概念などの思考の限界を超えて、より高い次元から社会や自分を見つめ直すことができる能力のことです。

そして、この能力を身につけるには、一定程度のまとまった知識と、そのうえに構築された世界観や人生観が必要になります。

ソクラテスの「無知の知」のように、「自分が何をわかっていないか」がわかることは至難の業です。自分が知っていることを「これは知っている」と言うのは簡単ですが、「何がわかっていないか」と言うのは、そもそもわからないので、想像力を働かせる世界の話になるからです。

そこを超えていくのが「メタ思考」になるわけです。

マックス・ウェーバーの『支配の社会学』（創文社）という本に、「鉄の檻」という言葉があります。これはもともと官僚制の硬直性を指す言葉ですが、まさに自分を拘束している思考の枠組みという意味でもあります。

このような自分にとっての「鉄の檻」、すなわち自らの思考の限界を知ったうえで、そこから枠組みをずらしたり、枠組みの向こう側にあるものをイメージしたりする力を身につけることが、私が考える教養なのです。

この点について、参考として、日本の教養主義に大きな影響を与えたヘーゲルが、教養をどのように考えていたかを紹介しておきます。

いまの日本で教養と言えば、リベラルアーツのことですが、ヘーゲルが言う「教養」は、ドイツ語の Bildung（ビルドゥング）、つまり「自らを形成すること」です。

ヘーゲルは『精神現象学』の中で、教養というのは、生まれながらの素朴な生から離れて、より高いレベルの一般的な知識を手にすることだとして、次のように語っています。

> 教養のはじまりとはつまり、実体的な生の直接的なありかたを離脱しはじめようとつとめることである。それがはじまるのはつねに、さまざまな一般的な原則と立場にかかわる知識を手にすることによってであるほかはなく、なによりもまずことがら一般にかんして思考されたものへと向上しようとつとめることによってである。

それでは、私たちをとらえている大きな枠組みとは具体的に何なのでしょうか。そのひとつの例が、本書でたびたび言及している資本主義です。

たとえば、独立研究者でパブリックスピーカーの山口周氏は、『ビジネスの未来――エコノミーにヒューマニティを取り戻す』（プレジデント社）の中で、「資本主義をハックしよう」と提言していますが、彼は現代の資本主義を真っ向から否定しているわけではありません。そうではなく、資本主義の限界を理解したうえで、この仕組みをうまく利用して変革を成し遂げていこうと主張しているのです。

つまり、資本主義という「鉄の檻」の中で生きている私たちの立ち位置をきちんと理解したうえで、さらにその枠組みをずらしたり、枠組みの向こう側をイメージしたりして、新しい社会や生き方を構想するということです。こうした力を身につけることが、まさに教養を身につける意味なのです。

より身近な例でわかりやすく言うと、多くのビジネスパーソンは「会社」という枠組みにとらわれて生きていて、なかなかそこからは出づらいものです。

そうしたときに、**「メタ思考」を身につけるために最適なのが、まさに読書なのです。**読書によってさまざまな知識を得た私たちは、「何をわかっているのか」を知ります。そして、読書を繰り返すことで、自分は「何がわかっていないのか」がおぼろげに見えてきます。その見えない部分の解像度を上げていくために、先達が積み上げてきた力を借りる必要があるのです。

読書で知識の空白地帯を埋める

もちろん、読書には単純に「知識を得る」という喜びもあります。

第1章でも触れましたが、アリストテレスが『形而上学』の冒頭で「すべての人間は、生まれつき、知ることを欲する」と書いているように、人間にはそもそも「知りたい」という強い欲求が備わっています。つまり、人間にとっては「知ること」自体が喜びでもあるのです。

私が『読書大全』の執筆を引き受けたひとつの動機は、他人の啓蒙というよりは、まさに自分自身が勉強したかったからです。というのも、これまで自分が読んできた本を全体として整理してみたことがなかったので、私の知識というのが、人類が積み上げてきた知の体系の中で、どのような濃淡を持っているのかがわかっていなかったのです。

そこで執筆にあたり、物理的・時間的な制約もあることから、まず自分が大切だと思う本を100冊ピックアップしようと考えました。しかし、リストをつくっているうちに「やはりこれも必要、あれも必要」と加速度的に増えていき、最終的には500冊になってしまいました。最終的には、出版という制約を考えて、それを300冊に絞り込んで分類し、そのうちの200冊の書評を載せることにしました。

その作業の際に、自分のリストを、巻末の謝辞に記した13名の識者の方々にも見ていただきました。最初に見ていただいたのが立命館アジア太平洋大学の出口治明学長です。そのとき彼に言われたのは、「中東や西アジア関係の本がまったくないし、中国の古典も少ないですね」ということでした。これは確かにおっしゃるとおりで、そうしたアドバイスをもとにリストを整理していきました。

同じように、各分野の専門家の方々に見せると、やはりところどころ重要な書籍が抜けていて、それらを整理していく過程で、「自分はなんと偏った読書をしてきたのか」ということが認識できました。

もちろん、アドバイスされたものをやみくもに入れても、一貫性のないただの寄せ集めになってしまいますので、あくまで自分が必要だと思う本を基準にしました。

じつは、出口学長からは「私のアドバイスは私の好みにすぎないのだから、最終的には自分で判断するのがよいですよ。そうでないと、一貫性のないバラバラなリストになってしまいますよ」というアドバイスもいただいていたからです。

そうした経緯で、ノンフィクションに絞って網羅的にまとめたのが『読書大全』です。この作業は自分の知の空白地帯を埋めるのに非常に役に立ち、執筆する中でとても勉強になりました。

先に「すべての本はネットワークでつながっている」と述べましたが、これはある意味では世の中の知はすべてつながっているということを意味しています。つまり、自分の知の空白地帯を埋めていく作業をすると、自分が見る世の中もまた広がっていくのです。

ここまで述べてきたように、「自分とは何か？」「自分は何のために生きているのか？」「われわれはどこに向かうのか？」「宇宙はそもそもどうやって始まり、どのように終わるのか？」など、考え出したらきりがありません。

13世紀のイタリアの詩人グイド・コッラは、「世界という書物」という考えを提唱し、神によって創造された「世界という書物」の中には、宇宙や人間のすべての真理が含まれているのだと考え、後世のイタリア文学に大きな影響を与えました。

こうした「世界という書物」の果てしない広がりは、私の人生の限られた時間ではとうてい読み尽くすことなどできません。それでも、「少しでも知りたい」という強い知的好奇心に手繰り寄せられて、私は今日もまた本を手に取っています。

次から次へと疑問が出てきて、それがずっと続いていく人生はまったく飽きることがあ

りません。それが私にとっての読書なのです。

世の中は「自分が自分であること」を否定する

ここまで、人間の根源的な疑問に対して考える、ひとつの手がかりとしての読書について述べてきました。

そうした「自分とは何か？」という疑問に気づいて立ち止まり、悩み抜いた私の経験は第1章に記しましたが、みなさんの中にも、かつての私と同じく、大きな組織に属しているビジネスパーソンも多いのではないでしょうか。

これまで縷々《るる》申し上げてきたことからわかると思いますが、本を読んで自分なりの基軸を持つということが、組織人としての幸せにつながるのかどうかはよくわからないところがあります。

真っ当に生きて、真っ当な価値観を持つために本を読む。こうした当たり前のことをきちんとやっていくと、これまでの日本の伝統的な組織の中ではかえって生きづらくなるのではないかと思うからです。少なくとも、私が銀行で働いていた30年前は、「清濁併せ持つ人間でなければ仕事はできない」などと言われ、しごく真っ当な人がコースから外されていった現実を目の当たりにしてきました。

つまり、組織にいると自分の言動がどうしても周りの人や組織のロジックに引きずられてしまうということです。さまざまな人の立場や考えがあり、「こんな言い方をしたらこの人は絶対に怒るからやめておこう……」「これを言ったら必ず出世に響くだろう……」などと、組織の掟がわかってしまうわけです。

そして、組織という村社会の中では、むしろ自分などというはっきりしたものは持たずに、組織のロジックに乗ってしまったほうがラクな生き方ができるし、周りの人たちからも受け入れてもらいやすいということです。

組織に10年もいれば、そうした「ゲームのルール」が完全に見えてしまいます。どんな振る舞いをすれば偉くなれるのか、なれないのか。それを無視して行動することが、もはや難しくなってしまうのです。

これはいわば年季が入った演歌歌手のようなもので、コブシを回さないとうまく歌えなくなってしまう。たとえオペラを歌ってもコブシが回ってしまう感じとでも言えばよいでしょうか。

ですから、組織に属するビジネスパーソンが真っ当に勉強し、本を読み、真っ当な教養人になることにどのような意味があるのだろうかと考えてしまいます。

自分の基軸を持って、しっかりした議論をする人間ほど、旧来型の日本の組織では「面倒くさい奴」だと思われてしまいます。大学や大学院で優秀な成績を修め、人格的に優れた人であっても、「面倒くさい奴」は組織のロジックからはじき出されてしまいます。

また、会社に限らず、私たちは社会や国家という大きな組織の中においても、同じような圧力をつねに受け続けています。人間が複数集まって組織をつくるということは、そこではつねに「自分が自分であること」を否定する方向に力が作用するということなのです。

流されるだけの人生から抜け出すために

しかし、それが世の中というものだとわかっていれば、また別の対応ができるはずです。自分が置かれている状況は何なのかが理解できなければ、ただ流されるだけの人生になってしまいますが、自分が置かれている状況を客観的に見ることができれば、自分が自分であるためにどうすればよいかを考えることができます。

私たちはいま資本主義という大きな船の上に乗っていますから、このルールに逆らって生きようとするのであれば、それなりの覚悟と実力が必要です。かつての私がそうだったように、漠然と「働くのがつらい」「会社へ行くのが嫌だ」とだけ思っていても、問題は何も解決しません。何らかの形で、これまでの自分自身をブレークスルーしなければならないのです。

大組織にいた人が会社を辞めて外の世界へ出てみると、組織の社会的な信用と財務的な信用が、個人で仕事をする場合に比べて桁違いに大きかったことに気づきます。個人にはそれらがまったくないわけですから、会社を辞めたあとに苦労する人が多いのは当然のことです。

ですから、日本の社会において組織を飛び出すというのには、それなりの覚悟と準備が必要です。もちろん、私の時代といまの若い人たちでは、だいぶ状況も変わってきているとは思いますが。

そうした苦労をするくらいなら、組織に身をゆだねて安穏と生きていくほうがよいと思う人もいると思いますし、私としてもそのような生き方を否定するつもりはありません。これまで再三申し上げてきたように、自分の人生は自分で生きるしかないのですから。

ただ、「周りに合わせる」ということを選択した人にとっては、本を読む意味がどれだけあるのだろうかということも感じます。組織の掟というものが厳然としてあり、それにどうやって自分を合わせるかという最適化のプロセスこそが組織で生きていくための知恵であるなら、むしろよけいなことは考えないほうが合理的な選択だからです。

さはさりながら、上述した『ビジネスの未来——エコノミーにヒューマニティを取り戻す』の中で山口氏が述べているように、組織のメリット・デメリットをわきまえて、組織に所属していることの信用をうまく利用しながら、世の中をよい方向へ変えていこうという高い志を失わないのであれば、大組織を内側から変えていくというのもひとつの選択肢だと思います。

ここまで読んで、私が組織というものを否定している、個人で生きるように推奨していると感じた方もいるかもしれませんが、そうではありません。人間が社会的な動物であるのは、アリストテレスに指摘されるまでもありません。人間は多くの人と縁を結びながら、家族をはじめとした集団を形成して生きていくものです。

でも、その**集団にすべてを絡め取られてしまって、あなた自身がどこにもいなくなってしまうのであれば、それではそもそもあなたが自己を活かすために集団を形成する意味自体が失われてしまう**のではないですか、と言っているのです。

本は「対話」の相手として最適

先に、これまで生きてきた人類を累計すると1100億人にもなると述べましたが、それほど大きな母数の中から生まれてきた知の結晶が本というものであり、そこでの体験の広がりは限りない、と言えます。

一般的な人が一生のうちに会って話す人の数は、せいぜい数万人程度のレベルですから、そこには大きな違いがあります。読書は人と話すことに比べると、生身の人に会う臨場感がないという弱みはありますが、その空間的・時間的な広がりは圧倒的です。

また、本の大きなメリットは、その内容が「きちんとまとまっている」ことです。もしみなさんの普段の会話をそのまま文字に起こしてみれば、ほとんど意味が通じなかったり、内容がなかったりするはずです。

また、会話には相性も関係します。自分と相手とがうまく噛み合えばよい会話になりますが、そうでない場合は同じことを何度も聞いたり理解ができなかったりと、必ずしも広がりのある体験にはなりません。

人間の思考は、言葉や考え方の枠組みに従ってできているため、人によっても言語によっても、それぞれに思考のクセがあります。たとえるなら、人間の思考は砂山の上から水を流すときにできる溝のようなものです。水を垂らすたびに溝に沿って水が流れ、少しずつその筋がはっきりしてきて、やがてそれが大きな流れになっていく——。思考のパターン化です。

ですから、思考の形が一度できてしまうと、溝や川ではないところに水が流れるのが難しくなってしまいます。言語についても同じで、日本語だけで思考の枠組みが固まってしまうと、日本語以外の言語特有の発想がなかなかできなくなり、文化的な背景の理解ができず、会話が噛み合わないことがしばしば起こりえます。

これに対して、本は読み手のペースに合わせてくれます。前提となる知識が不足していたり、繰り返し読んでわからなかったとしても怒ったりしませんし、すでに亡くなっている過去の人や、異なる言語の人とも翻訳を通じて語り合えます。

翻訳についても、いまは訳書が出るまでは自分が精通していない言語の本を読むことはできませんが、近い将来、原書を買ってそれを自動翻訳にかけることで、訳書が出る前に読むことができるようになるでしょう。

いずれにしても、**本であれば時間や空間の制約を超えて、著者と対話できる**のです。

「アンチライブラリー」の勧め

思考が噛み合わないのには、生理的に合わない場合と、自分の経験が不足している場合の二種類があります。前者であれば、さすがに無理して読む必要はありませんが、後者の場合には、新鮮な発見や驚きのある読書体験が得られることになります。

ただ、人生の時間には限りがあるという問題には直面せざるをえません。残念ながら、私たちが一生のあいだに読むことができる本には限りがあります。

講演などで「どのくらい蔵書がありますか?」とよく質問されるのですが、学者でもない限り、ひたすら本を読み続けたとしても、一生のあいだに1万冊以上を読むのはかなり大変だと思います。

ですから逆に、どのように「読まない本」を決めるかというのも、読書に際しての大きなポイントになります。

ここで、おもしろいエピソードをひとつご紹介しましょう。

『ブラック・スワン――不確実性とリスクの本質』（ダイヤモンド社）で有名な、リスクや不確実性の研究者であるナシーム・ニコラス・タレブは、『薔薇の名前』（東京創元社）で有名なイタリアの小説家ウンベルト・エーコが、自宅に約3万冊の本を持っていたことを挙げて、**「読んでいない本」というのは、「自分がまだそれを知らないこと」を思い出させてくれる「アンチライブラリー（antilibrary）」**だと述べています。

「アンチライブラリー」という造語は、自分が知っていることと同時に、自分が「何を知らないのか」を把握しておくことの重要性を言葉にしたものです。つまり、「自分が読んでいないものを含めて、そこに本がある」という事実を示してくれるのです。

この**「アンチライブラリー」のポイントは、「買ったのに読んでいない本がたくさんあることに罪悪感を持つことなく、関心がありそうな本は手当たり次第に買うべき」**だということです。

自分の関心がある本は迷わず買っておき、読む暇がないなら読まずに積んでおく。これはいわゆる日本語で言う「積《つ》ん読《どく》」のことであり、この言葉は、最近海外でも「Tsundoku」として少しずつ知られるようになっています。

私自身、ときに中古品の全集を買うことがあります。たいていの場合、それらは高価な希少品ではなく、安価で少しマニアックな内容のもので、その一部だけが読みたいという場合がほとんどです。

でも、不思議なことに、全集というのはその中の一冊だけを買ってもなんだか寂しい感じがするものです。全部揃っているという完全性に対する満足感のようなものがあり、「とりあえず持っておくかな」と思って、全巻買ってしまいます。

ですから、すべて読んでいるかといえば、読んではいません。体系的な知識は把握しているし、関心があるので一冊一冊を深く読みたいとは思うものの、時間がなくて読んでいないものが積み上がっています。

「積ん読」について、私の知人に「本は置いておくとワインのようにだんだんと熟成する」と、おもしろい表現をした人がいます。確かに、本棚や部屋に読んでいない本がずっと置かれていたとしても、それらの背表紙の表題だけはいつも目に入ってきます。

そうすると、「あ、いつか読まないとな」とか「でも、もう少ししたら読もうかな」などと思いながら、その表題やテーマについて潜在的に考えていることになるのです。

また、「積ん読」があると、新聞や雑誌やネットの記事などで、その本や作者の名前を見かけたときに、なんとなく思い出します。それがたとえほんの一瞬であっても、何回も何回も繰り返されることで、頭の中でじわじわと熟成していくのです。

そのような期間を経たうえで、ついにその本を読むと、熟成された高級ワインのように、いきなり読むときの印象とはまた違った体験があるはずです。

私自身は、「積ん読」や「アンチライブラリー」という言葉を聞くずっと前から、そのように読まない本であったとしても、「本を買うこと自体に意味がある」と感じていました。ですから、気になった本は片っ端から購入していて、正直に言えば、中には最終的にそのまま古本屋に行ってしまうものもあります。

このように、同じ本であっても、自分の状態や環境が変わるだけで、読書体験はまったく違ったものになることがありますから、やはり気になった本はなるべくすぐに購入し、「アンチライブラリー」としてしばらく手元に置いてみたらと思います。

日本のビジネスパーソンは働きすぎ

先に、人生の時間には限りがあると述べました。

私はこれまでの人生を振り返って、仕事というか、仕事という名の「作業」に無駄な時間を使い過ぎてしまったと大いに反省していますが、そうした中でも、できるだけ時間を工面して読書を続けてきました。

そうした私から見て、**日本のビジネスパーソンは、いわゆるエリートといわれるレベルにおいては、世界的に見ても圧倒的に勉強が不足している**と感じます。

先に紹介したマックス・ウェーバーは、『プロテスタンティズムの倫理と資本主義の精神』の中で、資本主義的な精神の背景にはプロテスタント的な禁欲の思想があると指摘しました。

さらに、社会人類学者のデヴィッド・グレーバーは、世界的ベストセラーになった『ブルシット・ジョブ――クソどうでもいい仕事の理論』（岩波書店）の中で、どれだけ無意味な仕事だとしても、規律を守って長時間働くこと自体に意味があるという現代の労働倫理観は、やはりこのプロテスタントの精神に由来するのだと指摘しています。

封建時代には労働は蔑《さげす》みの対象でしかありませんでしたが、社会契約説を唱えたジョン・ロックのような思想家たちによって、労働の苦しみはそれ自体が善であり、気高いものであるというように、発想の転換がもたらされたというのです。

そして、グレーバーは、このメンタルの縛りを、現代人の「潜在意識の奥底に組み込まれた暴力」だと言っています。

なぜいまここでこの話を持ち出したかというと、私は日本のビジネスパーソンは働きすぎだと思うからです。もう少し正確に言うと、**自分が何のために働いているのかよくわか**

らないまま、ただ心の奥底の不安を打ち消すために働いている人が多いような気がするのです。

私自身がかつてそうだったのでよくわかるのですが、日本では江戸時代にまで遡れば、儒教、とくに朱子学の影響で、仕事とは尊いものであるという労働倫理観が培われてきました。これが、戦前・戦後へと脈々と受け継がれ、なによりもまず仕事を優先する、仕事のためにはほかのすべてのことを犠牲にするのも厭《いと》わないという、日本人の労働観を形づくってきました。

日本各地の小学校などに置かれている、薪を背負いながら本を読んで歩く二宮金次郎（尊徳）の像がその象徴です。金次郎の伝記『報徳記』（岩波文庫）では、「大学の書を懐にして、途中歩みながら是を誦《しょう》し、少も怠《おこた》らず」とあり、これが自ら国家に献身する国民の育成を目的とした明治政府の政策に利用されたのです。

現状を見ると、日本の普通のビジネスパーソンの仕事対勉強の割合は、よくても9対1くらい、下手をすれば10対0くらいではないでしょうか。ここでいう「勉強」とは、もちろん受験勉強などではなく、読書などを含む自己研鑽《けんさん》のことです。

21世紀になったいまでも、なぜそのような状態が解消されないのか。そこにはさまざまな原因がありますが、ひとつには日本の組織の中には「組織に対する忠誠心の貯金」のようなものが存在するからだと思います。この「貯金」の増やし方はさまざまで、業績を上げるという正攻法以外に、身も心も会社に捧げるといった高度成長期的な手法がいまだに機能しているように思います。

つまり、徹底的に忠誠心を示す、その代償として自己を犠牲にすることで、その組織の一員として認められていく。そしてそれを「社内預金」として長年かけて積み立てることで、組織の中をだんだんと上がっていくということです。

長時間労働がその典型ですが、そのほかにも上司との飲み会、接待、ゴルフ、麻雀などもそれに当たります。長時間労働によって「貯金」は徐々に貯まっていきますが、残念ながら、それは社外ではまったく通用しません。いわば、会社内部という場でしか通用しない地域通貨のようなものです。

「人間力」は知識や体験を反芻しなければ養えない

また、同じ会社内部であったとしても、30代後半以降に求められる、組織において人を動かすマネジメントにおいては、より深い人間理解に基づく対人能力が求められます。

普通の組織であれば、30代前半までと30代後半以降では、そもそも評価体系がまったく異なります。端的に言うと、前者はプレイヤーとしての能力や事務処理能力などが評価され、後者はマネージャーとしての能力や「人間力」に重点が置かれます。

ですから、たとえ前者の能力に秀でていても、後者に評価が転換していくことに気づかない人は、そこで打ち止めになってしまうわけです。

しかし残念ながら、それまで何も考えていなかったことを急にやれといわれても、簡単にはできません。いざ「人間力」を身につけようとしても、何もないところから「人間力」が出てくるわけでもありません。**「人間力」というのは、時間をかけて自分の中で反芻《はんすう》することで、少しずつ熟成していくもの**だからです。

あえて広く多様な世界へ飛び込んでいかなくても、自分の周りの狭い世界の中で自己完結し、その中で幸せに生きていくという生き方もあるでしょう。ですが、さまざまな人とかかわり合いながら仕事をするビジネスパーソンにとっては、自分の周りの限られた出会いや組織の狭い人間関係のノウハウだけでは、必ず乗り越えられない局面が訪れます。

そのようなときにこそ、読書はみなさんの心強い味方となるのです。本は読めば読むほど、知らないことに出会います。自分が「何もわかっていない」ことがわかり、そのわからないことの不完全燃焼感を抱えながらも、前へと進む力が養われます。

自分が「何もわかっていない」ことを認識することこそが、他者の意見に耳を傾け、他者の視点で世界を見渡し、他者の考え方を理解したり、想像したりすることにつながるからです。

そうした体験を積み重ね、自分の中で反芻していくことで、初めて深い人間理解を得ることができ、「人間力」という意味での対人能力も上がっていきます。

もちろん、「脅し」によって人を動かすつもりは毛頭ありません。ですから、「教養を身につけなければ、30代後半以降の出世競争に乗り遅れますよ」などと言いたいわけではありません。

私がここで言いたいのは、読書によって知識と経験の幅を広げることで、人間理解がいっそう深まり、新しい視点で世界を見ることができるようになり、それが「人生100年時代」といわれるみなさんの長い人生の一助になるのではないでしょうか、ということです。

そして、それは生成系AIの登場により、ほとんどの仕事がAIに取って代わられる時代が来ても、仕事という面でも役に立つだろうと思います。逆に言えば、「人間」から表層的なものをすべてそぎ落としていったら、最後に残るものは何なのか——。それをあなた自身の目で確かめてみてくださいということです。

基軸がなければ組織に寄りかかるしかない

そこで、組織という閉ざされたシステムの中で働くビジネスパーソンが、「いまの会社のあり方はよくないのでは?」「この組織を何とか変えなくては」、あるいは「この会社を飛び出して、自分の力で世の中を変えたい」という問題意識を持ったとします。

このとき、これまで述べてきた「教養」や「人間力」が身についていなければ、実際に行動に移すことは困難です。なぜなら、「そんなことは自分の妄想にすぎないのではないか?」と、自分自身を疑ってしまうからです。

しかし、こうしたことも、たくさんの古典を読んでみれば、その程度の悩みなど、たいした話ではないことがすぐにわかります。国家レベルでの栄枯盛衰を見ても、政敵との闘いで命を落とした例など、歴史を振り返ればごまんとあるわけですから。

私自身の人生を振り返っても、かつて勤めた銀行を辞めるときは、それまでの人生でこれほど悩んだことはないというほど悩み、「辞めて本当に生きていけるのか?」と自問自答し、どんどん精神的に追い詰められていった自分がいました。

それまでのサラリーマン人生では、ある程度順調に評価もされていたので、自ら足抜けして、どうなるかもわからない外の世界と対峙することに対して、強い恐怖感がありました。

周囲からも、いま考えてみるとジョークのような会話ですが、「一生安泰な銀行を辞めるなんて、頭がおかしくなったんじゃないか？」と言われ、自分でも本当に夢を見ているのではないかと思ったりしました。

冷静に考えてみると、そのときに言われた「頭がおかしい」というのは、ただみんなと意見が違うというだけの話で、みんなと同じ意見を持たないから「頭がおかしい」のなら、そもそも「おかしい」という定義自体が何なのかよくわかりません。

そのようなときに、自分の中にしっかりした基軸を持っておらず、組織の中での自分の相対的な位置関係だけを確認して、右顧左眄しながら生きていれば、当然ながら「アノマリー（外れ値）」になったときの不安感の大きさは計り知れません。

つまり、人間は自分の中にしっかりとした基軸がなければ、恐ろしくて人と違う行動が取れないのです。

自分の中に基軸がなければ、自分ではないほかの何かすがるものを見つけて生きるしかありません。自分の中から出たものではない何か別のものを精神的な拠り所にして、他人の行動をまねしながら生きる。そして、狭い世界の中で生き続けていれば、さらに視野が狭くなってしまうため、組織全体が判断を間違えると、一気に自分も間違った方向へと引っ張られてしまう――そういうことです。

そのようなときにこそ、読書が必要になるのです。

読書をすることで、さまざまな人に出会い、彼らとの対話を通じて、新しい見方や考え方を知り、世界を広げることができ、そうした閉塞感から抜け出すことができます。そして、少しずつ、自分のメタ認知能力を高めながら、自分自身の考え方や人生観を熟成させていく。そうした読書こそが、あなたが**人生を生き抜くための力をもたらしてくれる読書**なのです。

もちろん、こうした作業を一朝一夕に成し遂げることはできませんし、相応の時間はかかります。それは、筋トレをしても、1週間や2週間では筋肉がつかないのと一緒です。でも、それが1年後や2年後になれば、あなたは知らないうちに別の人間に生まれ変わっています。そして、あなたがどんな組織に属していようとも、自分さえ見失わなければ、いたずらに自分の運命をひとつの組織に重ね合わせたりしなくても、しっかりと足場を固めて生きていくことができるはずです。

人類がつくってきた「考える筋道」

本を読めば、誰もが何かを感じるはずです。仮に読んだ本がつまらなかったとしても、つまらなかったという感想くらいは持つことができます。あるものを見たのに、何も感情が湧いてこないということはないでしょう。少なくとも、「おもしろかった」「つまらなかった」くらいの感想は湧いてくるはずです。

内容はどんなものでもよいですし、ただの感想や印象でも結構です。そのざっくりとした感想や感情を手始めに、そこからもう少し反芻してみて、自分なりに「考えてみる」ところから始めればよいのです。「おもしろくなかった」というのが感想なら、「なぜおもしろくなかったのか？」と考えてみることです。

少なくとも、最初はその程度で構いません。急に深く考えようと思っても、できるわけもありませんし、ある程度の知識（考えるための材料）がなければ、本当の意味でものごとを「考える」ことはできません。

また、材料さえあれば考えられるかと言えば、そういうことでもなく、どうしても考え方の手順のようなものが必要です。われわれ人類には、数千年もかけてたどってきた、いわば**「考える筋道」**の代表選手のようなものがあるのです。

この「考える筋道」をわかりやすく説明するために、哲学・思想の領域からひとつの例を挙げてみます。

西洋哲学には、大きく本質主義と経験主義という二つのアプローチがあります。

本質主義は、ものには必ずその本質があるという哲学的アプローチです。たとえば「椅子」と言ったときに、「椅子」の本質とは何だろうかと考えます。たとえば椅子には「椅子」というものの本質があり、あるものを見て「それが椅子であるかどうか」を判定できないことはまずありません。私たちはそこに「椅子」に共通する何らかの本質を見出しているはずで、だからそれが「椅子」だとわかるのです。

これに対して、経験主義では、ものごとの本質は確かにあるのかもしれないけれど、そのような本質について抽象的に議論をするのではなく、目の前にある「椅子」をもっとよく観察してみようというアプローチです。「椅子とは何か?」といった形而上学的な議論を延々と続けるかわりに、目を凝らしてたくさんの椅子をよく見れば、そこにはおのずから共通点が見出せるでしょうと。

こうした経験主義的なアプローチは、現代科学のアプローチの基礎になっています。科学においては、なによりも観察と実験が重要です。ある一定の観察に基づいて仮説を立ててみて、それが正しいかどうかを観察と実験を繰り返すことで証明するわけです。

先に「椅子」の例を用いて説明した本質主義を唱えたのが、古代ギリシアの哲学者プラトンです。プラトンはソクラテスの弟子であり、アリストテレスの師でもありました。

プラトンは、ものごとの表面に現れた「見た目」の向こう側には、必ず「実体」という本質があり、現実の世界ではなく、その背後にある理念の世界こそが真実であるというように考えました。プラトンは、この本質を「イデア」と呼びました。「理想」を英語で「ideal」と言いますが、それと同じ語源の言葉です。

確かに、プラトンが言うように、「ものごとには本質がある」と言われれば、誰しも直感的には「そうだな」と思うのではないでしょうか？

プラトンはさらに、ものと同じように「人間性には本質がある」と考えました。これが古典的なヒューマニズムです。そして、人間の個性はさまざまですが、「真・善・美」といった概念には共通なものがあるはずだと考えたのです。

プラトンのこうした考え方は、抽象的な概念が主（実体）で、見た目が従（影）だと考えるという意味で、演繹《えんえき》的な思考方法（演繹法）ということができます。公理や定理からスタートして、現実の事物を見ていこうという考え方です。

そして、この思考方法の流れの中から、人間が神から与えられた理性を活用して、ものごとの本質を見極めてみよう、見極められるはずだとする、哲学・思想における「大陸観念論（大陸合理論）」が生まれました。

これに対し、本質は「現実の存在の中に現れている」という経験主義的な考え方が、これも上述したように、プラトンの弟子のアリストテレスによって提唱されます。

つまり、いきなり抽象化された本質の議論をする前に、目の前にある現実をきちんと見ようという考え方で、これもきわめて真っ当な考え方だと思えます。青臭い学生のように抽象的な議論でものごとを決めつけるのではなく、まずは現実をよく観察するというアプローチは、実社会を生きる大人にとって、より納得感のある考え方といえるでしょう。

アリストテレスのように、ものごとには本質があるということは認めたうえで、地道に観察することで真実に近づこうとする、現代人から見ればきわめて常識的なアプローチを帰納法と言います。

この系譜に連なるのが、イギリス経験論といわれる哲学・思想の体系です。イギリス経験論は、ヨーロッパ大陸で主流だった大陸観念論に対する現実路線だということができます。

ここまで見てきてわかるように、現代につながるものの考え方の大枠は、すでにプラトンとアリストテレスの時代には完成していたということができるのです。

これらに対して、これまで述べてきたような本質主義と経験主義の対比のようなアプローチの違いではなく、もっと**本質的な対立概念として、本質主義と実存主義（存在主義）があります。**

本質主義については上述のとおりですが、実存主義であれば、「椅子」というのはそもそも人間が座れるものというところがポイントだと考えます。座って何をするかといえば、食事をしたり、人の話を聞いたり、会議をしたりするわけで、そうしたところが重要なのであって、脚が何本あるかとか、高さがどれくらいであるかといったところにはたいした意味はないと考えます。つまり、あるかないかわからないような抽象的な「本質」よりも、いまそこに現に人やものが存在しているという事実（実存）のほうを重視するのです。

この思想は、「実存は本質に先立つ」という言葉で表現されます。これは、フランスの哲学者ジャン＝ポール・サルトルらによって提起された考え方です。つまり、人間を例に取ってみると、「人間の本質的価値などというものに初めから何らかの意味があるわけではなく、それは後からつくられるものだ」という、それまでのキリスト教的な人間観を真っ向から否定するものです。

サルトルの連れ合いだったシモーヌ・ド・ボーヴォワールは、「人は女に生まれるのではない、女になるのだ」と言っていますが、まさにそういうことです。

本書は哲学の本ではないので、この続きは哲学の解説書に譲りますが、ここまで来てしまうと、善し悪しの判断は別として、私たちが拠って立つものは、もはや孤立した自分しかないという状態に追い込まれることになります。そして問題は、これが果たして人間の幸福につながるのかどうかです。

「考える筋道」を身につけるために

哲学・思想の領域から、本質主義、経験主義、実存主義という、いくつかの「考える筋道」を紹介しました。

読書を通じて、こうした「考える筋道」を少しずつ理解して、自分の中に積み上げていくことで、先に述べた「考える」方法が身につくようになります。

ほかにも、たとえば数学の考え方を身につけることも同じで、自然を見るときに数学の方法論があれば世界がきれいに整理されて見えますが、数学の方法論なしでは、世界はただの混沌とした状態にしか見えません。

かつて数学者たちは、神は数式によって世界を表現している、だから「あらゆる自然現象は、最終的にはひとつの数式で説明できるはずだ」と信じ、全宇宙の謎を解く唯一無二の「神の数式」を追い求めてきたのです。

人類史上最高の天才と謳われる物理学者アルバート・アインシュタインは、特定の宗教は信じていませんでしたが、宇宙全体にいきわたる神的なものの存在は信じていました。そして、彼もその宇宙の謎を解くための「神の数式」を追い求めた一人でした。

外国語についても数学と同様です。たとえば、英語がわからない人に英語の本をどれだけ与えても、何もわかるわけがありません。英語で書かれた情報を得たいのならば、英語を学び、英語ならではの「考える筋道」を身につける必要があります。

こうした**「考える」ことについての方法論が、これまでの教育ではあまり提示されてきませんでしたし、議論や訓練もされてこなかったのが、日本の教育における大きな問題**だと思っています。

とにかく大学に受かるためだけの受験勉強の方法論は精緻に体系化されていますが、それは、ここで述べたような考える力とは何の関係もなく、ただ与えられた試験問題に対して、条件反射的に「どう反応するか」というテクニックの寄せ集めにすぎません。

ですから、自分が自分であることを確認していくためには、いまの受験勉強に代表されるような学校教育とは真逆のことをしなければなりません。

親御さんがお子さんたちのために、その環境を整備してあげることはできます。でも、実際に自分をつくりあげていくことは、自分にしかできません。まして、もう大人になっているみなさんは、題材選びのところから始めて、自分という作品を自分の手でつくりあげていかなければなりません。

そのためには、ビジネスか学びかの二者択一ではありません。できれば、**学びと仕事の比率をフィフティ・フィフティくらいにまで持っていき、両方の領域を縦横無尽に行き来しながら、スパイラル状に、弁証法的に高みに登っていく**ことをお勧めします。

第3章

好きから始める読書

——読書至上主義という思い込みを捨てる

多読を目標にする必要はない

ここまで「読書」という行為そのものが持つ意味について述べてきましたが、本章では少し角度を変えて、私が普段どのように本を読んでいるのかを、ひとつの参考材料として述べていきます。

まず、私がいろいろな場面で必ず聞かれる質問に、「これまで何冊くらいの本を読んだのですか？」「どうすればたくさん本が読めますか？」「速読法をマスターしているのですか？」というものがあります。

でも、私としては、なぜみなさんがそれほど多読にこだわるのかが理解できないので、いつも「多読すればよいというわけではないですよ」とお答えしています。

これまで申し上げてきたように、読書とはあくまで自分の問題であって、「何冊読まなくてはいけない」とか、「あの人は何冊読んでいるのだろう？」などと、人と比べる必要はまったくないからです。

これについて思い出すエピソードがあります。

私は小学生のときから本を読むのが好きで、ある夏休みに小学校の図書館へ毎日通って本をたくさん読みました。そして、よくある話ですが、「今日は○冊読んだよ！」と母に自慢したのです。読んだ本の内容が身についたかどうかはさておき、たくさんの本を読んだことを褒めてもらいたかったわけですね。

でも、「いっぱい読んで偉いね」と褒められると思っていたのに、母は意外にクールで、「そんなに読んでどうするの？」と言ったのです。

そのときはがっかりしましたが、いま思えば確かに母の言うとおりです。一冊読めば図書館から丸いスタンプをひとつ押してもらえたので、それが読書をする動機づけになっていたのです。子どもの学習を餌でつるということはよくやられていますが、母が言ったとおり、大切なのは読んだ本の数ではありません。

そうしていまも、「『読書大全』の200冊はすべて読んだのですか？」「私は一生かけても読めそうにありません」などと聞いてくる方がたくさんいます。

でも、私からすれば、全部読まなくてもまったく問題ないのです。というか、なぜそれほど最初の一文字から最後の一文字までをきちんと読んだのかと、そうしたことが話の俎上に載せられるのかが理解できないのです。**自分が読んだ本から何かを得られればよいだけのことであって、何冊読んだとか全部読んだとかいうのは、枝葉末節にすぎません。**

これは、SNSで友達が何人いるとか何人と名刺交換したなどと自慢するのに似ています。たんに面識があるだけの人の数を増やすよりも、少数の人との深い関係を構築できたほうが、よほどお互いのためになるはずです。

読書も同様で、**読んだ本の数など気にせずに、一冊の本を通して著者と深い対話ができればそれでよい**のです。

つまり、私たちは自分がより善く生きるために本を読むのであって、その結果、一冊を繰り返し読んで大切にする人もいれば、何千冊も読破する人もいるだけのことです。

私のノンフィクションの読み方

一冊の本を「最初から最後まですべて読まなければならない」と思い込んでいる人が多いことにも驚かされます。そのような読書の定義や決まりなど、どこにもありません。

「読み飛ばすと内容や流れがわからなくなる」

「読み飛ばしたところに大事なことが書いてあるかもしれない」

そう思う人もいるようですが、本というものは最初から最後まで「すべて等しく重要」ということはなく、一冊の本の中にもさほど重要ではない部分が存在します。つまり、同じ本の中にも濃淡の差があるということです。

そもそも重要であるかないかということも、人によって変わってきます。たとえば、すでに自分がよく知っていることについて記述している部分は読み飛ばしてしまっても、その本の理解には影響しないはずです。

そこで、ひとつの例として、私のノンフィクションの読み方をご紹介したいと思います。私の場合、冒頭からいきなり読み出すのではなく、**まず、著者の経歴を読む**、あるいはネットでくわしく調べることから始めます（この理由は後述）。それから**「まえがき（序章）」「あとがき」「目次」の順に読んでいきます。**そうすることで、本の内容を大雑把に理解するのです。

「まえがき」には、その本のエッセンスが詰まっており、「目次」も時間をかけてじっと見ていけば、「この人は何を言いたいのか」「どのあたりに結論があるのか」といったことがだいたい理解できます。「あとがき」の長さは本によってまちまちなので、役に立つ場合とそうではない場合がありますが、「あとがき」がくわしく書かれている本の場合には、そこを読んだだけでほぼ全貌がつかめてしまうこともあります。

それから、最近は第三者による「解説」がずいぶんとくわしくなっていて、それを読むと、その本に書いてあること以上に全体を俯瞰した理解が得られることもあります。また、翻訳書の場合は、「訳者解説」もとても役に立ちます。その本を翻訳した方は、その本を穴が開くほど読んでいるので、内容についての理解度も格段に高いからです。

まずそれらの情報を先に頭に入れてから本文を読み始めるのと、いきなり冒頭から順番に読み始めるのとでは、内容の理解度に大きな差が出ます。

こうした「作業」をざっとすませたうえで、**「この本は人類の知の全体像の中のどの部分を語っているのか?」「この本のテーマは何か?」「この本の結論は何か?」のあたりをつけてから読み始める**ようにしています。

なぜ、そのようなことをするのかと言えば、これは先にも述べましたが、「人生の時間には限りがあるから」です。

人生の時間が無限にあるのであれば、一字一句読んでもよいと思いますし、私でもそうするかもしれません(時間が無限にあったら生きる意味自体を失ってしまうかもしれないという哲学的な議論は別にすればですが……)。いずれにしても、そのような読み方をしていると、忙しい毎日の中でなかなか本を読む時間はつくれません。

会話をするとき、私たちは誰でも、自分なりにあたりをつけて話しているはずです。会話のやりとりのすべてを全力で行う人はまずいないでしょう。たいていの場合、人の話というのは半分くらいしか聞いていないものです。それでも、「この人は何を言いたいのか?」のあたりをつけながら情報を取捨選択し、うまくコミュニケーションを成り立たせているのです。ケイト・マーフィの『LISTEN——知性豊かで創造力がある人になれる』(日経BP)で指摘されているように、現代人は「聞く」ことが十分にできていないという問題はあるのですが。

これは、読書は著者との対話だということにも通じますが、本についても「この著者は何を言いたいのか?」のあたりをつけることを意識すると、もっと効率的に読めるようになると思います。

Amazonのレビューも活用する

いまの私の読書は、電子書籍でノンフィクションを読むことがほとんどです。小説や詩集などは、装丁や文字のレイアウトの美しさなどがとても重要なので紙の書籍を購入しますが、ノンフィクションについては情報としてとらえているので、気になったものはすぐにAmazonのKindleで購入して読みます。

第2章で「アンチライブラリー」という考え方を紹介しましたが、一冊の本を読んでいるあいだに、その中で引用された別の本が気になったら、それもすぐに購入します。Amazonのページには出版社による短い解説と作者紹介があるのでそれを読みますし、レビューも大いに活用します。

もちろん、レビューにはかなり無責任な内容のものもあって玉石混淆《ぎょくせきこんこう》ですから、注意が必要です。私の『読書大全』についても、「こんな恥ずかしいタイトルをよくつけられたものだ。こんな本は買う気もないし、読もうとも思わない」という星ひとつのレビューがありました。内容を読まないで、タイトルが気に食わないから星ひとつといわれても参考になりません。

でも、トップレビュアーや招待制プログラムAmazon Vine《ヴァイン》メンバーのレビューの中にはよく書けているものもたくさんあります。**とりわけ、難解な本の場合には、信頼できるレビューを読むことで本の骨格をつかめることもあります。**

そうしてひととおり情報を集めてからおもしろそうだったら購入し、また元の本へ戻るという具合なので、一冊の本を読み終えるまでによけいな時間がかかる場合もあります。

また、興味が惹かれると、そのまま新しく購入した本を読み進めてしまうこともしばしばあります。

そのとき、もともと読んでいた本や、そのほかに途中で購入した本はどうするのかというと、しばらく放っておきます。まさにアンチライブラリーです。そうして、あとで思い出して手に取ることもあるのですが、そもそも「どうしてこの本を買ったのだろうか？」と思い出せないこともあったりします。

ただ、それらの本は結局のところ、自分が関心を持って買ったものなので、自分の心のどこかに必ず残っています。そして時間が経つにつれて、その本を読まなくても、興味関心が自分の中でだんだんと熟成されていくことになるのです。

読む本は参考文献から芋づる式に広がる

ノンフィクションには、必ず引用元が記されています。ですから、その**参考文献を参照するだけで、芋づる式に読む本が広がっていきます。**

たとえば、アダム・スミスの『道徳感情論』（岩波文庫）では、スミスが彼の道徳哲学を確立するうえで、膨大な数の古典を参照しています。

古代ギリシアでいえば、プラトン『饗宴』(岩波文庫)、アリストテレス『ニコマコス倫理学』、エピクロス『手紙』など、古代ローマでいえば、セネカ「幸福な生について」(『生の短さについて 他二篇』所収、岩波文庫)、エピクテトス『語録 要録』(中公クラシックス)、マルクス・アウレリウス『自省録』などがそうです。

私は、スミスがストア派哲学など古代ローマの倫理思想にとても注目していたことを、『道徳感情論』を読んで知ったのですが、ストア派の哲学者だったマルクス・アウレリウスの『自省録』を愛読書にしている私が、この本に傾倒するのも当然だなと思いました。

『道徳感情論』は、同時代のデイヴィッド・ヒューム『人間本性論』(法政大学出版局)、フランシス・ハチソン『道徳哲学序説』(京都大学学術出版会)、バーナード・デ・マンデヴィル『蜂の寓話――私悪は公益なり』(日本経済評論社)なども大いに参考にしています。とくに、スミスの思想はヒュームの影響を大きく受けています。

逆に、スミスの『道徳感情論』は、たとえばジョン・スチュアート・ミル『経済学原理』(岩波文庫)、アマルティア・セン『自由と経済開発』(日本経済新聞社)など、多くの哲学者や経済学者に影響を与えています。

ここに挙げたのはほんの一例ですが、こうした『道徳感情論』にまつわる本の周りにも、同じようにネットワークが広がっていて、全体としてクモの巣のような膨大な人類の知のネットワークになっているのです。

このように、**一冊の本の周りに何百冊の本が存在する状態が、序章で述べた「精神のエコシステム」です。**フィクションの場合、作者は何も参照せず書く場合がありますが、ノンフィクションは必ずほかの本を参照して書いていますので、それがとても参考になるのです。

学術論文がその典型ですが、幅広い視点や意見、考え方を参照しながら展開している内容が深い本ほど、参考文献が多くなる傾向があります。

また、私は参考文献を読むとき、「著者はどんな人物なのか」に注目します。ノンフィクションは情報を手に入れる手段ですので、本を読む前に、作者がどんな人物か、どんな背景を持っているのかを必ず調べるようにしています。

その著者の専門は何で、これまでにどういう大学や研究所で働いてきて、どのような業績を残しているのか、そして学者であれば、学問的にどのような系譜に連なっているのかなどを意識しながら読みます。**著者がどのような人物かを知ることで、その主張が理解しやすくなる**からです。

また、自分で書評を書く際にも、そこで紹介する本については、まず「どんな人物が書いたのか」という情報を伝えるように心がけています。

加えて、**その本が書かれた時代背景も重要**です。本というのは、前述したような広大な「精神のエコシステム」の中にあるため、その本が歴史的にどのように位置づけられているのか、どのような背景や事情をもとに書かれたものなのかを知らずに読むと、まるで無重力空間に放り出されたような感覚に陥ってしまうからです。

まず人間の「思考の枠組み」を認識する

このように、私はある本を読んでいる途中でも、芋づる式にほかの本へとどんどん展開していきながら読書をします。なぜなら、結果的にそのほうが、もともと読んでいた本に対する理解も深まるからです。

ある一冊を深く読もうとしても、そのテーマについての周辺知識がなければ深くは理解できません。たとえば、哲学書を読んでいるとき、難しい言葉や表現、抽象的な概念などが出てきたとします。このとき、「なぜこのような言葉が使われているのか」「なぜ著者はこの文脈でこの表現を用いたのか」といったことは、その文章をどれだけ読んでも理解できません。

なぜなら、著者が生きた時代背景や当時の思想の潮流、著者以前に生きた哲学者たちの連綿たる思想の系譜があるからこそ、著者のその表現が存在するわけで、先にそれらを入門書や哲学の先生に説明してもらわなければ、なかなか理解できないのです。

哲学者というのは、ある日突然登場して神がかった真理や言説を語るわけではなく、自分より前の時代に生きた人たちの思想をくまなく押さえたうえで、新しい概念や自分の考えを付け加えていきます。ですから、一部の新興宗教のように過去をまったく無視した言説というのはありえません。

哲学を「とっつきにくい」と感じる人も多いと思いますが、まさにここにポイントがあります。哲学の入門書の中には、カントやヘーゲルなど特定の哲学者にフォーカスして、専門家が一般向けに解説した本があります。でも、どれだけ噛み砕いてみたところで、その哲学者が哲学・思想史全体のどのあたりに位置付けられているのかを知らなければ、どれほどやさしく解説してもらっても頭に入ってこないと思います。

その解説書を書いている著者本人は、その哲学者を研究するために周辺領域まで含めて、それまで膨大な数の本を読んでいるはずです。それで、その哲学者の専門家として執筆を依頼されているわけですから。でも、著者には当たり前のことであっても、それをいきなり読む読者にとっては必ずしも当たり前のことではないのです。

そうして、結局のところどこから読み始めればよいのかわからなくなり、最初は現代思想を理解するために手に取ったはずが、いつの間にか古代ギリシア哲学まで遡ることになって、最終的には挫折するというパターンが多いようです。まさにそこに、大学の講義における先生のような、チューター的な役割を果たす人たちの存在意義もあるわけですが。


同じことは、哲学だけでなくあらゆる分野にいえます。

自然科学や社会科学でも、ある研究というのは、それまでの先人たちの膨大な研究成果のうえに成り立っているので、特定の一冊を深く読もうとしても、それまでの知の積み上げを知らなければ、その本を充分に理解することはできません。

先にも述べましたが、そもそも**どんな学問分野を学ぶにせよ、どんな本を読むにせよ、人間の「思考の枠組み」を頭の中に入れておくために、哲学・思想についてはある程度学ばざるをえない**のです。

自分が「好きだ」と思えるものを出発点に

読書は、自分がそこから何を得て、どれだけ成長しているのかがすぐにわかるわけではないので、自分の中でモチベーションを保つことも大切です。

「いまの時代は読書で教養を身につけなければならない」と言われて、興味もない本をしぶしぶ読んでも、長続きするわけがありません。それはただ、他人の目から見て「よい」ということをやっているだけで、自分の中に根源的なモチベーションがないからです。

もし読書が習慣づいていなくて、それでも**読書をしたいと願うのであれば、「自分の中でよいと思えるもの」や「好きだと思えるもの」を出発点にすべき**です。

本当に自分が好きだと思えるものは、どんな人にでも必ずあるはずです。他人から見て立派なことや、素晴らしそうなことである必要はなく、もっとプリミティブな「好き」「嫌い」という、自分の中に芽生える感情をスタートにすればよいのです。そうしたプリミティブな感情に耳を傾け、自分を大切に扱い、それをしっかり育んであげればよいのです。

いま、自分を大切に扱うと述べましたが、自分のことを大事にできない人というのは、突き詰めると他人のことも大事にできないのではないでしょうか。その根底に人間愛が欠けているからです。人間愛に欠けている人がいくら本を読んでも、そこから何か人間に対する新しい洞察は芽生えてこないでしょう。

自分を大事にするというのは、自分の心を大事にするということです。自分の心を大事にする人は、本を読めば必ずそこに何か自分の心とのつながりを見つけることができるはずです。つまり、他人の心に「共感」を持つということです。それは心の中の灯火のようなもので、それを大事に育てていけば、やがて大きな炎になります。

私が、読書は自分の興味のおもむくままに、好奇心に従って続ければよいというのは、そうした意味なのです。ジャンルは何でもよいですし、自分が「好きだと思えるもの」を出発点にするということがとても大切です。

もちろん個人差はあるでしょうが、どんな人にでも必ず知的好奇心はあるはずです。「何も好きなものがない」「何も嫌いなものがない」という人はいません。ですから、それをフックにして、好奇心に従って進んでいけばよいのです。

私が子どものころは、自分の好きなことを徹底的に追求する、いわゆるオタクのような人は外れ者としてバカにされがちでした。ですが、いまではオタク文化という言葉があるほど、日本を代表する文化になっています。その根底には、誰にバカにされようが、やめろと言われようが、自分が「好きだ」と思える気持ちを大切にし、それを大人になっても追求していく姿勢があったからだと思います。

読書も同じような気持ちでやればよいのです。好きでもない本をいやいや読むのではなく、自分が好きだと思う本を、ただ夢中になって読めばよいのです。あまり頭で考えすぎずに、自分が「どう感じるか」を大事にして、まずは好きになれそうな本を手に取ってみてください。映画『燃えよドラゴン』でブルース・リーが言ったセリフ、"Don't think. Feel!"（考えるな感じろ）のように。

ウィキペディアもフル活用してAIに至る

そうは言っても、ときにはどうしても簡単には読み進められない難しい本に遭遇することがあります。ですから、どんなジャンルであれ、**難しければ入門書を手に取って、そこから読み始めるようにしてください**。結局はそれが理解への近道になります。

私の場合も、哲学・思想や自然科学などの難しい分野に関しては、新書などの入門書を手に取ることが多いです。ほかには、哲学や思想系の先生の勉強会に参加しています。難解な本は、やはりその分野の専門の先生のサポートを受けながら読まなければ、なかなか読破するのが難しいからです。

その意味では、読書会に参加するのもよいと思います。ただ、たんなる仲間内だけの読書会よりは、やはりある程度は専門的な意見をもらえる方が参加している読書会のほうが効果はあるでしょう。

それから、ネット検索の活用ですが、私は読書をしていてわからないことが出てくると、まずは**ウィキペディアで調べる**ようにもしています。もちろん、ウィキペディアの情報の信頼性という問題もあるので、そのまま鵜呑みにはできないのですが、中には本当によく調べて書かれたものも多く、特定のテーマや概念などの全体像をつかむためには、かなり役に立ちます。

ちなみに、書評サイトHONZ《ホンズ》代表で、元マイクロソフト日本法人社長の成毛眞氏は、『39歳からのシン教養』（PHP研究所）で、「勉強はウィキペディアが9割」として、勉強や読書におけるウィキペディア検索法を推奨しています。

本を読んでいてわからないことが出てきたら、すぐにウィキペディアに飛んだり、本とウィキペディアのあいだを行ったり来たりして、ウィキペディアのページがおもしろければ、そのまま本に戻らない場合もよくあります。

それから、最近活用しているのが、Chat GPTなどの生成系AIです。この出現によってシンギュラリティが来るのではないかと言っている人もいるほど、これは使いようによってはとてもよい読書の伴走者になってくれます。

とくに難しい本を読んでいて、ネット検索しようにも、自分がそもそも何がわからないのかすらわからないので、どこを調べたらよいかがわからないというような場合には、**生成系AIに質問を投げかけて何度か対話を繰り返すと、だんだんと自分の問題意識がクリアになってくる**というメリットがあります。

ネット記事からも本の世界は広がる

私は本以外に、ネット上の記事もよく読みます。ただし、ネット上の記事は玉石混淆なので、署名がなく、責任の所在がよくわからないものはほとんど読みません。

その意味では、じつは新聞もあまり読みません。最低限の情報には触れていますが、新聞は誰が書いているのかわからない記事が多く、「書いた人の顔」が見えないからです。

海外の新聞記事には、記事を書いた記者の名前が書かれている場合や、オプ・エド（Op-ed：opposite the editorial）という、著者の名前が出る意見や反論、異論を述べる記事がとても多いのですが、それらは記者が個人の責任で書いているものなので、こちらも真剣に読もうという気持ちになります。私のように、本を何冊か出版した経験がある者からすれば、書いた人が誰だかわからないような記事には注目しないということです。

私もサラリーマン時代には、会社の名前で雑誌や新聞に投稿していましたが、いま振り返ってみると、ただ会社の立場を代弁して書いていただけで、そこに自分の主張は何も盛り込んでいませんでした。あのような無責任な記事をよく書いていたものだと、いまさらながらに汗顔ものだと思っています。

「一日にどのくらいネット上の記事を読んでいるのですか？」という質問もよく聞かれますが、私の情報収集ルートには確固としたものがあるわけではないので、とくに決まってはいません。

ルートとしては、Facebookなどの SNS で、たとえば Newsweek、CNN、BBCなどのメディアをフォローし、タイムラインに流れてきたニュースを、合間を見て一日に数十回読むイメージです。このスタイルで、東洋経済オンラインやダイヤモンドオンラインといった雑誌メディアも読んでいます。

とくに参考になるなと思っているのが、クーリエ・ジャポンとWIRED《ワイアード》です。この二つはニュースというカテゴリーではありませんが、新しい知的情報の提供元としては、とくに優れていると思います。

それから、ネット上の新刊レビューはよく読んでいます。

いまは出版社の編集者や営業担当者が、ニュースサイトやSNSを活用して宣伝するため、期間限定で新刊の第1章がすべて公開されていたり、非常に優れた要約があったり、著者のインタビューが掲載されていたりします。

ここまで公開してしまって大丈夫なのかなと、こちらが心配になってしまうような、くわしい記事もありますが、最近ではそうした公開情報を読んでいくだけで、その本に何が書かれているかを、かなりの程度つかむこともできます。

筋の悪い本には近づかない

自分の好奇心を出発点にする読書の方法を紹介してきましたが、本の中にはいわゆる悪書があることにも注意しておく必要があります。

たとえば、アドルフ・ヒトラーの『わが闘争』(角川文庫)は、人間の中にある負の感情を増幅させる本と言えるでしょう。私はこの本を『読書大全』で唯一の反面教師として取り上げました。人間がその善性に反して悪を成してしまうというのはどういうことなのかを考察するためにです。『わが闘争』は短く言うと、「どのようにしてユダヤ人をこの地上から消し去るのか」ということが書かれている本です。

私は、自分の人間理解を深めるためのひとつの参考として『わが闘争』を読みましたが、このような「筋の悪い本」が世の中にはたくさんあります。

いわゆる暴露本や、ひたすら芸能人の不倫やスキャンダルを追いかけるだけの記事なども、自分の人生にとって時間をロスするだけでまったく得るものがありません。

それは確かに、自分の中の「知りたい」という欲望を掻《か》き立てるという面はありますが、それを知っても、結果として自分の人生に何もプラスにならないからです。

自分の中にある嫌な感情が掻き立てられて増幅されるだけで、他人を貶めることによるカタルシスやルサンチマンの解消で気分が一瞬すっきりしても、そのあとには何も残りません。

「良い本」と「悪い本」の見分け方というのは、それこそ教養を身につけていく過程で自分なりの機軸を持たなければ、具体的な判断が難しいのですが、まずは頭で考える前に、自分の感性を信じて「良い」「悪い」を感じてみてください。ソクラテスが言っているような、「善い生き方」という視点から見て、それが本当に「善い」ことなのか。

ここで一点だけ補足しておきますと、「悪い本」とは「自分の考えにそぐわない本」のことではありません。私が言っているのは「筋の悪い本」ということです。自分の考えとは違う内容の本を敬遠し続けるのであれば、それはたんなる「食わず嫌い」でしかありません。

ヘーゲルが弁証法によって人間は新しい精神（ものの見方・考え方）を獲得していくと言っているように、自分とは違った考え方についてもよく考えて、自分の考えは本当にそのとおりだったのだろうか、その先に次の新しい展開や共通理解の基盤はつくれないだろうか、ということを真摯に考えることで、人はまた新たな高みに登れる可能性があるからです。

そうした前提で、「筋の悪い本」に話を戻しますと、人間は社会的存在であり、また自分が思う以上に弱い存在ですから、簡単に人や本から影響を受けてしまいます。ほかの人によい影響を与えられるような機軸のある人になれれば、それは理想かもしれませんが、その前にまず**他人から悪影響を受けないように意識することが大切**なのです。

ですから、自分にとって決してプラスにはなりえない「筋の悪い本」は意識的に避けたほうが賢明です。

これは本に限らず、人との会話やSNSなどでも同様です。ときどき人の批判や悪口をSNSにつらつらと書き込む人がいますが、自分の負の感情を掻き立てても何の役にも立ちませんし、ましてやその問題が解決するわけでもありません。

どのように生きるのもその人の自由ですが、人生はとても短いですから、後ろ向きな、ネガティブな感情にとらわれて貴重な時間を失わないようにしたいものです。

『生の短さについて』とメメント・モリ

人間には失っても取り戻せるものと取り戻せないものがありますが、絶対的に取り戻せないものが時間です。

時間とは何かについては、それ自体が大きな自然科学上、哲学上の問題です。なぜ時間は一方向にしか流れないのかについては、まだ何もわかっていませんが、参考として、ひとつ興味深い本を紹介しておきます。

イタリアの理論物理学者カルロ・ロヴェッリの『時間は存在しない』(NHK出版)という本があります。原題は"The Order of Time"なので、この邦題だと誤解を招きやすいのですが、要はなぜ時間は一方向にしか進まないのかをテーマにした本です。

そして、それに対するロヴェッリの回答は、「時間」というものはわれわれが一方向に流れると認識できるもののことであり、「時間」という概念自体が人間の認識能力と表裏を成しているという、とても哲学的なものです。つまり、われわれ人間は、そもそも時間を一方向にしか認識できないようにできているのだということです。

問題なのは時間の性質ではなくて、人間の認識能力のほうだったというのですから、まるでカントの認識論におけるコペルニクス的転回のようです。

話を元に戻すと、信用は一度失うと取り戻すのは至難の業ですが、それでも時間をかけて少しずつでも取り戻していくことはできます。お金は天下の回りものですから、失っても何とかなります。でも、時間だけは二度と戻ってきません。若いうちはあまり意識しないかもしれませんが、時間の希少性はぜひ理解しておいてください。


古代ローマの政治家にルキウス・アンナエウス・セネカという人物がいました。ストア派の哲学者としても著名で、数多くの著作を残しています。ローマ皇帝ネロの幼少期に家庭教師として仕え、ネロの治世初期にはブレーンとしても支えましたが、最後にはネロの命によって自殺させられます。

セネカの著作に『生の短さについて』というものがあります。セネカは、その中で、次のように語っています。

われわれは短い時間をもっているのではなく、実はその多くを浪費しているのである。人生は十分に長く、その全体が有効に費《ついや》されるならば、最も偉大なことをも完成できるほど豊富に与えられている。けれども放蕩《ほうとう》や怠惰《たいだ》のなかに消えてなくなるとか、どんな善いことのためにも使われないならば、結局最後になって否応《いやおう》なしに気付かされることは、今まで消え去っているとは思わなかった人生が最早すでに過ぎ去っていることである。全くそのとおりである。われわれは短い人生を受けているのではなく、われわれがそれを短くしているのである。

（『人生の短さについて 他二篇』ワイド版、岩波文庫）

つまり、人生は短いと嘆く人が多いが、それはその人自身が短くしているからだということです。そして、他人に人生を振り回されないようにして、**貴重な時間を自分自身のために使うためには、自分が死すべき運命にあるという必然を認識することが大切**だと言っているのです。

ラテン語で「メメント・モリ（死を想え）」という言葉（警句）があります。「死後の世界を想像せよ」「いつか必ず死ぬことを忘れるな」という意味ですが、もともとは「どうせいつかは死ぬ身なのだから、できるだけいまを楽しもう」という言葉でした。

これが、キリスト教の影響を受けて、現在ではもう少し含蓄のある言葉に変化しています。つまり、現代では自分が必ず死ぬことを思うと、「いまこの瞬間の大切さがわかってくる」という意味で理解されています。自分がいつか必ず死ぬことを考えれば、腹をくくれるということです。

アップルの創業者スティーブ・ジョブズの歴史的名スピーチをご存じでしょうか。2005年に、ジョブズがスタンフォード大学の卒業式で行ったもので、彼はその中で、死について次のように語っています。

自分はまもなく死ぬという認識が、重大な決断を下すときにもっとも役立ちます。なぜなら、永遠の希望やプライド、失敗する不安……これらはほとんどすべて、死の前では何の意味もなさないからです。そこでは、本当に大切なことしか残りません。（中略）死は私たち全員の行き先です。死から逃れた人間は一人もいません。それは、あるべき姿なのです。おそらく死は、生命にとっての最高の発明です。それは生物を進化させる担い手です。古いものを取り去り、新しいものを生み出します。（中略）あなた方の時間は限られています。だから、本意ではない人生を生きて時間を無駄にしないでください。

こうした姿勢は、読書に費やす時間にも当然当てはまります。世界にはあまりにもたくさんの本がありますが、普通の人は一生かけても数千冊から一万冊も読めません。それなのに、「筋の悪い本」を読んで時間をつぶしている時間などあるでしょうか。

読んだ内容は「発信」すると忘れづらい

ここまでは、読書におけるインプット面について紹介しましたが、ここでアウトプット面の有用性についても述べておきたいと思います。

「本を読んでも内容を忘れてしまう」「読んだのにほとんど覚えていない」という声を聞くことがあります。正直に言うと、私もただ読むだけでは内容をすぐに忘れてしまいます。

自分の記憶力の悪さを別にすれば、人間が過去のことを忘れていくこのスピード感は、ある意味すごいことだなと感心するほどです。

逆に、過去のことを全部鮮明に覚えていたら、過去の亡霊にとらわれてしまい、生きるのが本当につらくなるだろうなと思います。人間は忘却によって前に進めるのです。

そうした言い訳はさておき、自分の本棚を見て、「まだ読んでいなかったな」と思って本を開くと、線が引いてあった……ということも、けっこうあります。

これは私だけに限らず、書評サイトHONZのレビュアーでもある大阪大学医学部の仲野徹名誉教授も、「ある論文を読んでいて、なかなかよいことを書いているなと思って著者を見たら自分だった」という笑い話をされていました。

本はただ読んだだけではすぐに忘れてしまうのが普通で、マーカーで線を引いたり、ページの端を折ったりするだけでは、なかなか記憶には留まりません。その程度でくじけるほど、人間の忘却力はヤワではないのです。


では、どうすればよいかと言うと、**読んだ内容をアウトプットする**ことです。

私は以前からFacebookを日記変わりに使っていて、あるとき読んだ本の感想を備忘録的に書き始めました。Facebookはそういう面で使い勝手がよいのです。すると、意外にも「いいね」と反応してくれる人がたくさんいて、ある日、HONZからレビュアーをやりませんかという話があり、そこからコンスタントに書評を書くようになりました。

さらに、それをきっかけにさまざまな媒体から書評や解説や連載の打診があり、最終的には、日経BPからの申し出で、『読書大全』の執筆・出版へとつながりました。

書評を書くようになって気づいたのは、アウトプットを想定して読書をするのと、ただ本を読むのとでは、読み方がまったく違ってくるということです。

書評を書く前提で本を読むと、「結局この本のポイントを短くまとめたらどうなるのだろうか？」「自分の心に響いたこのあたりのポイントは、ほかの人にも同じように響くのだろうか？」「このテーマに関連したほかの本にも言及しよう」などと考えて読むようになります。

書評を読んでいる読者に媚びるという意味ではなく、アダム・スミスが『道徳感情論』の中で言っている、第三者である「公平な観察者」の視点を得るというような感じではないかと思います。

すると、自分にとっても内容の整理となり、その本のポイントや本質的な部分が記憶に残りやすくなるのです。

もちろん、その書評をあとから見返すことができるので、繰り返し何度でも記憶を呼び起こすことができるというメリットも大きいです。

また、私は書評に原文の引用を載せることが多いのですが、引用すること自体が内容を忘れにくくすることにもなりますし、なにより著者自身の心のこもった言葉のほうが、私が書いた要約やまとめよりもはるかに強く心に残ります。

こうしたFacebook上の私の書評や、そこに引用しておいた原文は、書評や論考を書くときにフル活用しています。そして、いまこの本を書くにあたっても、パソコンの別画面に私のFacebookページとChatGPTを開いて、過去の書評と引用を見ながら作業を進めています。

インプットとアウトプットを繰り返す

読書のアウトプットのやり方のひとつとして、**書評を書くことのほかに「人に話す」という方法もあります。**

私の場合、書評や出版をきっかけにして講演などの機会が増えましたが、読書会に参加するのでもよいと思います。複数人が参加する読書会なら、人の話を聞きながら、自分が読んだ本について人前で話すことができます。

身の周りの信頼のおける人と話すのでもよいでしょう。私の周りには読書好きの人がたくさんいますので、そういった方々と「読書家の会」というのもやっています。ただ集まってとりとめのない話をするのですが、そもそも愛読家・多読家が集まっているので、内容的にはそれなりに広がりを持った集まりになっています。読書会のように特定の話題ではなく、本に関する縦横無尽な会話になりますので、上級者向きの会かもしれません。

話を元に戻して、なぜ人に話すのがよいかと言うと、情報を「伝える」ために自分なりに反芻して考えるようになるからです。

たとえば、よく考えて資料をつくったはずなのに、人前で話していると、どうにも話のつながりが悪いことに気づく場合があります。論理的に何かつながらないというような場合もありますし、論理的には間違っていないのに、どこか人に伝わり切っていない感じがすることがあるのです。

それには、話の筋道（ロジック）が丁寧でなかったり、逆にスムーズに話が流れすぎてフックがなかったりとさまざまな理由がありますが、そうしたことは実際に人前で話してみなければ気がつきません。

また、人前で話すときに資料やスライドなどを使う場合がありますが、それらを準備する過程で、少ない文字数でいかに内容を的確に伝えるかを真剣に考えることになります。多い文字数だと何となくそれっぽく聞こえることでも、それをそぎ落としてエッセンスをつくっていくと、まったく内容のないものになってしまうことがしばしばあります。

そうした作業を繰り返していると、内容がよりクリアに頭に入り、記憶の定着率が格段によくなっていくのです。

ですから、「読んでもすぐに忘れてしまう」と言う人は、まずそれが普通だと思ってください。そのうえで、インプットした情報を、何らかの形でアウトプットすることをお勧めします。単純に読みっ放しにしたり、一人で完結する読書のみだと、どうしても内容を忘れやすくなるので、インプットとアウトプットを繰り返す機会を自分でつくってください。そうすることで自分の理解が腹落ちするようになり、記憶として定着していきます。

先に述べたように、本は「精神のエコシステム」を形づくっています。それは知識や情報がつながっているだけにとどまらず、それを扱う私たちのコミュニケーションのネットワークでもあり、本を通じて私たちが社会とつながっているということです。

しかも、そうしたネットワークは、時空を超えて、過去に生きた人たちともつながっています。自分の読んだ本について周りにアウトプットしていくことは、そうしたエコシステムの一部として自分が存在していることを確認するプロセスでもあるのです。

「わからない」から進んでいく

ここまでひとつの例として、私の読書の方法やアウトプットの有用性について紹介してきました。読書を続けていくと、基本的な知識や情報が増えていき、読書のスピードも上がっていきます。

ただし、自分の知らないことがどんどん減っていくかというと、決してそうではありません。むしろ逆で、知れば知るほど、「いかに自分が何も知らないか」ということがわかってきます。先にも触れた、いわゆるソクラテスの「無知の知」です。

そもそも何も知らなければ、自分がどのくらい知らないかもわかりません。しかし、本を読めば読むほど、何かを知れば知るほど、その先にはるか広大な知の世界が広がっていることに気づかされます。

まるで遠くに見える地平線がどんどん自分から遠ざかっていくかのように、知れば知るほど、未知の領域があることがわかってくるのです。

第1章で、人間を人間たらしめている精神的な欲のひとつとして、「知りたい」という欲があると述べました。それは人間にとって、食欲や性欲や睡眠欲に匹敵する根源的な欲求です。

つまり、読書をしてわからない部分が残ったら、そこからまた猛烈にその部分を知りたくなる。そこから、次の読書への取っ掛かりが見つかる。そのような自然な導きに従って本を読んでいくのが、私の読書の基本なのです。

みなさんもぜひ、**自分の中に無限に沸いてくる好奇心を、読書に活かしてみてください**。

人間の「知りたい」という欲求には、ものすごいエネルギーがあります。それこそが、人類の歴史をここまで推し進めてきた中核にあるものです。しかもそれは、みなさんの中に生まれつき備わったものであり、親ガチャのように、人によってあったりなかったりする不公平なものではありません。

読書は、「何か読まなくては」「読書ぐらいしなければ」「情報を得なければ」などと義務感だけで努力をしても、苦痛なだけで長続きはしません。そうではなく、自分の「知りたい」という本能に導かれて、広大な本の森を散策しながら、自分なりの楽しい旅を続ければよいのです。

読み方にこだわらない

私には読書のルールや、決まったルーティンのようなものはありません。日本一の読書家といわれる編集工学研究所の松岡正剛所長は、一日のうち午前中は必ず読書に費やすそうです。豪徳寺の研究所はさながら松岡所長の私設図書館の様相を呈していて、そこにある数万冊の本の一冊一冊に、手書きの傍線やコメントが書き込まれています。

これに対して、私にとっての読書は仕事ではないため、時間ができたときにしか本は読みません。ただ、私は体質的に早起きなので、朝の4時から6時くらいにかけて読書をしていることが多いです。

このような感じなので、本当は手触り感のある紙の本を読みたいとは思うのですが、実際にはいつでもどこでも購入でき、すぐに読めるAmazonのKindleを愛用しています。

もっと言えば、本の体裁自体にさほどこだわりはありません。本章で述べてきたように、内容がよければネット上の記事でもよいですし、もちろん人との会話でも構いません。ただ、本は質の高い情報を得るにはきわめて効率がよいものだと考えているので、本を読み続けているだけです。

ときどき本に何か権威のようなものを感じて、いやいや我慢して、苦しみながら読んでいる人がいるように見受けられますが、もしそうであるなら、とても残念なことです。

パリ第8大学のピエール・バイヤール教授の『読んでいない本について堂々と語る方法』(ちくま学芸文庫)という本があります。この本には、私がこれまで好きなように実践してきた読書法に似たことが書かれています。

たとえば、本は全部読まなくても構わないし、読まなくてもコメントはできるし、むしろ本に洗脳されてしまわないほうがよいという考え方が書かれています。

これは、ショーペンハウエルの『読書について』(岩波文庫)にも通じるものです。ショーペンハウエルは、その本で次のように述べています。


読書は、他人にものを考えてもらうことである。(中略)一日を多読に費やす勤勉な人間は、しだいに自分でものを考える力を失って行く。

先に、人間は「考える材料」がなければ、ものごとを合理的に考えたり、思考を発展させたりすることができないと述べました。だからこそ、読書が「考える材料」を集める手段として最適なわけですが、読書のやり方によっては、人はものを考える力を失っていくというのです。これはきわめて重要な示唆です。

バイヤールは、前述の本でこう述べています。

> 教養があるとは、しかじかの本を読んだことがあるということではない。そうではなくて、全体のなかで自分がどの位置にいるかが分かっているということ、すなわち、諸々の本はひとつの全体を形づくっているということを知っており、その各要素を他の要素との関係で位置づけることができるということである。ここでは外部は内部より重要である。というより、本の内部とはその外部のことであり、ある本に関して重要なのはその隣にある本である。
> 　したがって、教養ある人間は、しかじかの本を読んでいなくても別にかまわない。彼はその本の内容はよく知らないかもしれないが、その位置関係は分かっているからである。

第2章で、教養のポイントは「メタ思考」ができることだと述べました。この能力を身につけるには、一定程度のまとまった知識と、それを前提とした世界観の構築が必要であり、そのためには読書はどうしても欠かせないというものでした。

この**「メタ思考」は、読書という行為そのものについても言える**ことです。つまり、**教条的な「読書至上主義」から自由になる**ということです。人間にとって大切なのは体験であり、読書もまた重要な人生の体験のひとつなのです。

ですから、宗教の聖典のように本そのものを崇め奉るのではなく、自由に読んでくださ い。そしてそれをあなたの血肉に変えていってください。

第4章

対話としての読書

——既成概念の「枠組み」の外に出るために

資本主義というOSの世界を生きる

第1章で、私の本との出会いについて触れましたが、金融危機をきっかけに長年働いた金融業界から離れ、不動産デベロッパーでCFO（最高財務責任者）をしていたときも、私はつねに「資本主義」という得体の知れないシステムの存在を肌身に感じて働いていました。

そして2008年、ついにリーマンショックをきっかけに世界的な金融危機が起こります。自分なりに覚悟を決めて金融業界に別れを告げ、不動産デベロッパーで充実した日々を過ごしていたところ、またもや巨大な金融市場の津波に直撃されたのです。

「なぜ金融というものは、いつまでも私を追いかけてくるのだろうか？」
「自分はどのような環境に置かれているのだろうか？」

もはや資本主義という巨大なシステムは世界を完全に覆い尽くし、私たちに逃げ場などどこにもない、そのようなイメージでした。

「すべての人類が『資本主義というOS（オペレーティングシステム）』に飲み込まれ、みんなが同じ経済のゲームを競わされ続けている。なぜこんなことになってしまったのだろうか？」

「ほかの人たちは、私と同じような疑問を持っていないのだろうか？」

この出来事をきっかけに、私の読書は、自分の内面を探究するものから、より客観的な意味で資本主義の本質を追い求めるものへと変わっていきました。

マーケット（市場）やマネー（貨幣）は古来より存在しました。人々がモノとモノを交換する行為があり、その後にその交換行為を補完する手段として貨幣がつくられたとする説や、貨幣はそもそも市場と同じように昔から存在したという説もあります。

市場というのは、人々が商品を取り引きする場ですから、それほど理解は難しくありません。他方、貨幣というのはその本質は何なのかがずっと議論されてきていて、いまだ決着はついていません。

このあたりの議論については、東京大学の岩井克人名誉教授の『貨幣論』（ちくま学芸文庫)や、国際エコノミストのフェリックス・マーティンの『21世紀の貨幣論』(東洋経済新報社)を、ぜひ一度読んでみてください。

両者の関係性はともかくとして、やがて現物経済の市場と金融の市場が融合し、現在につながる金融資本主義ができあがります。

そうした動きを極端に突き詰めていった果てに起きたのが、2008年のリーマンショックです。

いったい何が起こっているのか誰にもわからないほどの巨額のマネーがマーケットの中を駆け巡り、その動きをうまくとらえることができれば莫大な利益を得られる。しかし、当の本人たちも自分が何をやっているのか、その結果が何をもたらすのかを理解せずに、ただ「儲かるからやる」というように、欲望に駆り立てられて投機などを続けた果てに起きた金融危機でした。

では、そうした暴走する金融市場の最大の問題はいったい何だったのでしょうか? 私はそこに、「人間」という要素が欠けていたことだと思います。

金融市場はマーケットとマネーさえあれば回るため、そこに「人間」が登場しなくても何の不都合もありません。その結果、人間だけがどんどん取り残されていく。そこに、現在の資本主義における、さまざまな問題の根本原因があるのではないかと考えています。

確かに私たちはお金がなければ生きてはいけません。どんなに偉そうなことを言っても、お金とはまったく無縁に生きている人はいないでしょう。現代社会においては、人は何らかの形でお金にかかわらざるをえず、資本主義という全世界化したOS上でどう人間性を維持するかを自分の頭で考えなければ、いとも簡単にお金の論理に絡め取られていってしまいます。

そもそも「資本主義とは何か？」を自分なりに定義づけてみると、「資本の無限の増殖運動」と表現することができると思います。つまり、たんなるお金ではない、お金で表現される「資本」という主体が、投資という行為を通じて、無限に自己増殖していく運動が資本主義の本質だということです。

ここで興味深いのが、資本主義の定義の中に「人間」は登場しないということです。**資本主義にとって、「人間」というのはたんなる「労働力」であり、そこに私たちが考えるような「ヒューマニティ（人間性）」という意味での「人間」は登場しません。**つまり、資本主義にとって人間性は必要な要素ではないということです。

逆に言えば、あなたは資本主義を必要としているけれど、資本主義は必ずしもあなたを必要とはしていないということです。

経済思想の世界に分け入る

そこで、かつて私は、経済の専門家の方々に、この資本主義に対する違和感と疑問について聞いて回りました。そこで驚いたのは、経済の専門家で、私のような問題意識を持っている人がいかに少ないかということでした。

近代経済学というのは、経済現象のあり方を数式と数字で表現する計量経済学や数理経済学が主流で、その背後にある「そもそも資本主義とは何か?」といった経済思想的な議論はほとんど行われていなかったのです。

そのころに読んだのが、『現代経済学の巨人たち――20世紀の人・時代・思想』(日本経済新聞社)です。いきなり特定の経済学者に絞って読み出すには、あまりにも自分自身の知識が不足していたため、それらをまとめた解説本を読んで、まずは全体像をつかもうと考えたのです。

そこを頼りに経済思想をたどっていくと、私の根本的な疑問に応える本として、マックス・ウェーバーの『プロテスタンティズムの倫理と資本主義の精神』にたどりつきました。

そして最終的には、近代経済学の父と呼ばれるアダム・スミスの『道徳感情論』にまでたどりついたのです。

その過程でわかったのが、資本主義について思想的な観点から研究しているのは、経済学者ではなく、むしろ哲学や社会学の先生たちだということでした。

たとえばマルクスが『資本論』(岩波文庫)を著し、やがて共産主義革命が起きて社会の体制が大きく変わるわけですが、そうした社会を駆動させる巨大な力のひとつとして資本主義があるため、当然ながら哲学や社会学の人たちがそれらを研究しているわけです。

つまり、人間疎外の問題からマルクスが共産主義の思想に至ったように、経済社会における人間疎外や経済格差の問題などを人間の視点から研究するというのは、経済学者の役割ではなく、哲学者や社会学者の役割になっていたのです。そして、むしろ経済学は自然科学にすり寄るために、できるだけ数字を駆使して客観性を持った「科学」になろうとしていたのです。

そうした経緯があり、哲学・思想や社会学といった領域の先生たちとの付き合いがどんどん深まっていきました。

その後、法政大学の水野和夫教授の『資本主義の終焉と歴史の危機』(集英社新書)がベストセラーになるなど、時間の経過とともに、ようやく世の中が「資本主義というOS」に対して違和感を持ち始めるようになりました。

さらに決定的だったのが、フランスの高等社会科学研究院のトマ・ピケティ教授の『21世紀の資本』（みすず書房）が世界的なベストセラーになったことです。この本は、戦後の特殊な時期などを除いて、過去200年以上の人類の歴史を見ると、つねに経済成長率よりも投資収益率のほうが高かった、つまり働いて給料をもらうよりお金を投資してリターンを得たほうが儲かるという「不都合な真実」をあばいたのです。

アダム・スミスの『道徳感情論』

このようにして経済思想の世界に分け入った私は、先に述べたように、やがてアダム・スミスの倫理学書『道徳感情論』にたどりつきました。

スミスといえば、まず多くの人が思い浮かべるのは『国富論』（岩波文庫）だと思います。ここには、のちの経済学に登場する着想のほとんどが含まれており、それゆえスミスは「近代経済学の父」と呼ばれています。

同書はその題名のとおり、富とは何か、何が国民にとって富に当たるのかについて述べています。この中でスミスは、個人が利己的に行動しても、「見えざる手」によって導かれ、結果として経済はうまく回るとして、市場機能に基づく自由放任を唱えました。

こうした主張から、『国富論』は政府による市場規制を撤廃し、競争促進によって豊かで強い国をつくるべきとする、いまで言うところの新自由主義的なメッセージを含んだ本であるという理解がされてきました。

しかし近年では、そうした一面的な見方は退けられています。スミスの思想を理解するうえで、もうひとつの主著である倫理学書『道徳感情論』における人間観察が重要な役割を果たしているとして、両書をあわせた、より幅広い視野からの研究が進められています。

スミスはもともとグラスゴー大学の道徳哲学の教授です。彼の思想を正しく理解するためには、『国富論』より16年も早く出版された『道徳感情論』を理解する必要があるのです。

スミスは同書で、人間のどのような本来的な性質が法をつくらせ、それを守らせるのか、言い換えれば、「社会を秩序に導く人間の本性は何か?」という難問に答えようとしました。そしてたどりついたのが、**社会秩序は理性ではなく、道徳感情によって基礎づけられているという結論**でした。**人間というのは共感する生きものであり、その共感する力というのが人間の道徳的な観念を形づくり、社会を成り立たせている**ということです。

それ以前の有名な考え方としては、たとえばトマス・ホッブズは、『リヴァイアサン』(中公クラシックス）の中で、人間の自然状態というものを想定し、それは闘争状態であるとしました。

血で血を洗う「万人の万人に対する闘争」状態を避けるために、人間が持つ自然権（自己保存のために暴力など積極的手段をとること）を放棄し、上位概念である国家にその権利を与えることで秩序が成り立つとしたのです。これが社会契約論です。

これに対してスミスは、人間社会は放っておいても一定の秩序ができると考えました。それを成り立たせているのが道徳感情であり、社会契約のようなものがなくても、人間は殺し合ったりせず、一定の秩序ができると考えたのです。

私が初めて『道徳感情論』を読んだときに感じたのは、スミスの驚くほど鋭い人間観察眼でした。スミスは自分が生きた18世紀半ばの時代背景だけではなく、古代ギリシアやローマの哲学をはじめ、過去の文献を大量に読み解き引用したうえで、自分が生きた時代の人々をこまかく観察しながら解説しています。「人間とはこういうものだ」ということが、実際の観察による経験を積み重ねて書かれており、読めば読むほど深みがある書物だと感じます。

スミスは『道徳感情論』を生涯に5回も書き直しました。そして、1790年の最終版（第

6版）の序論では、1776年に出した経済書『国富論』（諸国民の富、Wealth of Nations）は、彼の道徳哲学の全体構想の一部であったことを明らかにしています。

つまり『国富論』は、『道徳感情論』を前提にした経済書であり、決してたんなる自由放任と弱肉強食の書ではないということです。これまでは、そこが見落とされてきたのです。

ですから、ぜひ多くの方に『道徳感情論』と『国富論』を手に取っていただきたいのですが、そうは言ってもそれほど簡単に読める本ではありません。まずは入門書として、大阪大学の堂目卓生教授の『アダム・スミス――『道徳感情論』と『国富論』の世界』（中公新書）から入ることをお勧めします。

この本は、『道徳感情論』に示された人間観と社会観を通して『国富論』を読み直すことで、これを社会の秩序と繁栄に関するひとつの思想体系として再構築し、私たちに見せてくれています。

宇沢弘文の「人間のための経済学」

こうした私の探究は、やがて東京大学の宇沢弘文名誉教授にたどりつきます。宇沢は、「人間」というものに焦点を当てた経済学を再構築しようと尽力した経済学者です。

彼はもともと東京大学で数学を専攻し、のちに経済学に転じて数理経済学を専攻しました。そして、28歳のときに数理経済学者のケネス・アロー教授の招聘《しょうへい》で渡米し、新古典派の論文を著名学術誌に次々と発表して華々しい業績を挙げます。

そして、スタンフォード大学やカリフォルニア大学バークレー校での研究活動ののちに、36歳の若さでシカゴ大学経済学部教授に就任しました。

このころの宇沢は「ノーベル経済学賞にもっとも近い日本人」と言われていましたが、ベトナム戦争に反対して、40歳で東京大学助教授として日本に戻ります。

そこからの宇沢の研究対象は、環境、都市、農業、医療、教育などへと広がり、また自動車の排気ガスや水俣病といった公害問題や、原子力発電問題などに取り組む思想家・活動家へと転じていくことになります。

そして、それらを統合するものとして、後述する「社会的共通資本」という概念を打ち立てました。

そうした彼のすべてを詳《つまび》らかにした評伝が、ジャーナリストの佐々木実氏が書いた『資本主義と闘った男』(講談社)です。

同書はノーベル経済学賞を受賞したケネス・アロー、ロバート・ソロー、ジョージ・アカロフ、ジョセフ・スティグリッツといった面々をはじめ、多くの人物へのインタビューをもとにその経緯を明らかにしています。

いまの経済社会とその背後にある経済学が抱える閉塞感の根本にあるのは、マルクスの時代から変わらない「人間疎外」の問題です。これは資本主義対共産主義の闘いに終止符が打たれたいまでも変わっていません。むしろ、宇沢がそのどちらにも与しなかったように、社会の大きな歯車が人間をすりつぶしていく様は、どちらも同じなのです。

「なぜ社会の中心に人間が置かれずに、人間が市場経済という鋳型にはめ込まれなければならないのか?」

「資本主義というシステムの中に、人々が本来の人間性を取り戻して平和に暮らせる仕組みを埋め込むことはできないのか?」

それが、宇沢が抱いていた問題意識であり、強い危機感でした。

宇沢にとっての重要なテーマは、いかにして経済学に社会的な観点を導入できるかであり、その答えとして導き出されたのが社会的共通資本の理論です。

宇沢が唱える「社会的共通資本」とは

一つの国ないし特定の地域に住むすべての人々が、ゆたかな経済生活を営み、すぐれた文化を展開し、人間的に魅力ある社会を持続的、安定的に維持することを可能にするような社会的装置

（『社会的共通資本』岩波新書）

であり、大気、水道、教育、医療など、決して市場原理にゆだねてはならないもののことです。

そこでは、社会に内在する問題点を解消するための理想的な制度的条件を探求したソースティン・ヴェブレンの制度派経済学のように、どのように制度的に対応すべきか、という視点が加えられています。

こうした**社会的共通資本の理論によって宇沢が守ろうとしていたのは、「人間の尊厳」でした。**そしてこれは、**世界の持続可能な発展のために、２０１５年から国連が提唱しているＳＤＧｓ（持続可能な開発目標）にも通底する重要な視点**です。

ただ、宇沢が孤軍奮闘を続けた１９８０年代は、イギリスのサッチャー政権、アメリカのレーガン政権以降、新自由主義的な経済学が世界を席巻していた時代でした。そのような状況下で、残念ながら宇沢の思想を受け継ぐ者は現れませんでした。

しかしながら、２００８年のリーマンショックを経て、そして２０１５年のＳＤＧｓと

いう共通目標の登場など、世界が持続可能な社会の実現に向けて大きく舵を切る中、これから宇沢が再評価されるのは間違いありません。

読書によって自分の原点へたどりつく

このように、私は資本主義に対する自らの疑問を追求する中で、宇沢の社会的共通資本の考えにまでたどりつきました。

彼のように、最初は本流の経済学を研究していたものの、途中からだんだん「これは何かがおかしい」と疑問を抱き、もっと深い資本主義の本源的な部分や、そこに存在する「人間」に近い領域の研究を志して、主流から外れていった人たちもいます。

先ほど紹介した東大の岩井克人名誉教授も、自らの著書で語っていますが、そのひとりです。岩井教授の思想の足跡については、彼の著書『経済学の宇宙』(日経ビジネス人文庫)にくわしく書かれています。また、『会社はこれからどうなるのか』(平凡社)には、資本主義のプレイヤーである「会社」がこれから果たすべき役割が述べられていますので、こちらもぜひ一度読んでみてください。

「なぜこんな度を過ぎたマネーゲームが横行しているのか？」
「なぜ人間は資本主義のゲームに参加させられているのか？」
「果たしてこれで人間は幸せになれるのか？」

そのような疑問を持つことは、ナイーブと言えばナイーブなのかもしれませんが、私は自らが身を置いた金融界よりも、そうした人たちのほうによりシンパシーを感じるようになっていきました。

いまでこそ経済学者の中でも経済思想を見直す動きが急速に盛り返してきていますが、資本主義の本質を理解するためにはもっと人間のことを理解しなければいけないと思い、その後、哲学や思想の先生と議論を重ねてきました。

そして現在、ようやく私たちを取り巻く資本主義とは何なのか、自分なりに少しずつ見えてきたというところです。

いまにして思えば、人間に焦点を当てた経済学を再構築しようとした宇沢の思想にたどりついたのも、結局は、私自身にもともと「人間とは何か？」という根本的な疑問があり、その強い興味を追求した結果なのだと思います。

人間を規定する「枠組み」から距離をとる

以前の私は、自分を取り巻く経済社会に対して、まるで生まれた瞬間から牢屋に入れられていたようなイメージを持っていて、ここから抜け出す術はないのかと、ずっともがき続けていました。

しかし、これは時代がつくったひとつのシステムであることがわかり、その大きな枠組みの原理や本質が見えてくると、「そのゲームに自分は参加するのか？」「そこから距離を置くことはできるのか？」といったことが、少しずつ冷静に考えられるようになりました。

もちろん、この資本主義というシステムと闘おうとした人は、マルクスをはじめ歴史上にもたくさんいました。

しかし、かつて資本主義に対抗しようとして共産主義を打ち立てたものの、結局はソ連のスターリンによる粛清や、ソルジェニーツィンの『収容所群島』（新潮社）に記述されている強制収容所の実態、また中国では発禁になっているユン・チアンの『ワイルド・スワン』（講談社＋α文庫）に描写されているような文化大革命の凄惨な状況を見るにつけ、共産主義という枠組みにとらわれて、いかに多くの人々が不幸になってきたかもわかりました。

そして言うまでもなく、資本主義と共産主義のあいだに生まれ落ちた、ヒトラーのナチズムに代表される全体主義やファシズムも、多くの人間を恐怖と不幸のどん底に突き落としてきました。

西欧ではプラトンの『国家』（岩波文庫）やアリストテレスの『政治学』、中国では孔子の『論語』（岩波文庫）や孫武の『孫氏』（岩波文庫）に始まり、私たち人間はどのような政治体制がもっとも優れているかという問題を、2500年も前から懸命に考えてきました。

ヘーゲルやマルクスの進歩史観も、西欧合理主義の限界を超えて、人間がお互いにどのように相互承認し、新しい社会を築いていけるのかを、歴史の文脈の中でとらえ直そうとした努力の結果でした。

しかし、歴史を振り返ってみると、最初はうまく機能した政治体制も、結局はそのシステムが人間の上位概念になってしまい、それに支配される人間が不幸になっていく。やがて抑圧された人々が革命を起こし、また新しい政治体制を構築していく。その新しい体制下でようやく理想の世界が訪れたと信じることができたのもつかの間、そのシステムがまた人間を不幸にしていく……こうしたことの繰り返しでした。

つまり、**ある「枠組み」に全面的に依存して生きている限り、人間はどうしても幸せに**

はなれないということが、歴史を通じて明らかになってきたということです。

人間はそのような繰り返しをずっと続けてきたということが、本を読むことで知ることができるのです。そこで重要なのは、ある「枠組み」に絡め取られてそれに抗するのをやめてしまえば、人間は必ず不幸になるという教訓です。

「資本主義」社会を「人間」社会として見る

資本主義というOS上においても、そのゲームのルールさえ知っていれば勝つことはできますが、「勝った先に何があるのか？」「勝って自分は幸せになれるのか？」という問題は、いつまで経っても解消されません。

そもそも資本主義社会において、「資本主義」という名のゲームのプレイヤーは資本家であり、言い方は悪いかもしれませんが、労働者はゲームのコマであってもプレイヤーではありません。雇われ人はどれだけ企業組織の中で偉くなっても、所詮は労働者でしかないからです。

とくにサラリーマン役員になった人の中には、その点を勘違いしている人がたくさんいるように思います。組織の中での偉さというのは、その組織の中でしか通用しないものであり、一歩外に出るとまったく役に立たないものです。

成毛眞氏と冨山和彦氏の共著『2025年日本経済再生戦略――国にも組織にも頼らない力が日本を救う』（SB新書）にも書かれていますが、だからこそ逆に、所属する組織の中での処世術だけには長けた「プロ会社員」として、定年までしがみつこうとする人が多くなってしまうのでしょう。

では、資本家のほうはどうかと言うと、資本家には投資家と企業オーナーの二種類があり、経済社会のあり方に対しては、前者はどちらかと言えばパッシブ、後者がプロアクティブなプレイヤーです。おもに資本主義のプレイングフィールドにいるのは企業オーナーであり、彼らが資本主義社会では最強のプレイヤーです。

しかしながら、先に述べた宇沢のように、現実の世界を、どうしたら資本主義社会の勝者になれるかという制度側からではなく、どうしたら幸せになれるかという人間側から見た場合には、まったく景色が違ってきます。そして、これをもう一度、**人間側から見つめ直そうというのが、いまの新しいグローバルな潮流**なのだと思います。

たとえば、東京大学の斎藤幸平准教授の『人新世の「資本論」』のように、「脱成長」を唱えて、資本主義というシステムを捨てるべく、マルクスの晩年の思想をたどりながら解決策を見出そうとしている人もいます。

また、マイクロソフト首席研究員兼イェール大学客員研究員のグレン・ワイルと、シカゴ大学ロースクールのエリック・ポズナー教授による共著である『ラディカル・マーケット——脱・私有財産の世紀』(東洋経済新報社)のように、損なわれた市場の機能を回復するために、ルールのラディカルな改革に着手すべきだと提言する立場もあります。彼らは、資本主義の大前提をなす私的「所有」は、本質的に「独占」にほかならないとし、廃止されるべきだと主張しています。

一方で、アメリカには資本主義の向こう側へ一刻も早く突き抜けること、つまり資本主義が暴走するのを緩めるのではなく、資本主義をより加速させて、早くその先に突き抜けてしまおうという「加速主義」という立場の人たちもいます。

日本でもよく知られるのは、たとえばペイパルマフィアと呼ばれるシリコンバレーの中心人物で、社会的自由と経済的自由の両方を重視する「リバタリアニズム(自由至上主義)」を信奉するピーター・ティールなどがその代表です。

ティールやテスラのイーロン・マスクなど、当時ペイパルに集ったシリコンバレーのリスクテイカーたちの物語を綴った、ジミー・ソニの『創始者たち——イーロン・マスク、ピーター・ティールと世界一のリスクテイカーたちの薄氷の伝説』(ダイヤモンド社)に、彼らの原体験が詳らかに語られています。

一方で、こうした西側先進国が支配する現代資本主義社会に対抗すべく、ロシアや中国のような国では、新たな権威主義が台頭してきています。むしろ、国の数で言えば、資本主義経済を自由主義と民主主義というシステムの上で回している国は少数派であり、権威主義の下での資本主義というものが、これからどのように機能するのかが注目されます。

私たちは資本主義的に考え、振る舞う

そうした問題を幅広い視点から研究するために、私は友人たちと「資本主義研究会」という研究会を開催しています。これは、経済学に限らず多分野にわたる学者やビジネスパーソンが集い、デフォルト化している資本主義というＯＳを、人間という見地から研究しようとするものです。

資本主義がデフォルト化しているということは、私たちは好むと好まざるとにかかわらず、資本主義という舞台の上で踊らされていて、**明確に意識しなければ私たちは資本主義的に考え、資本主義的に振る舞ってしまう**ということを意味しています。

研究会は、当初は「人間の本性と資本主義は相性がよいのか?」という問題意識から始まりました。その過程でいろいろ調べていくと、どうも資本主義は人間の一部の感情を増幅するアンプのような機能を果たしていて、そこで焚きつけられている燃料が、人間の「欲望」であるということがわかってきました。

こうした問題意識のもとに、幅広い分野の学者が参加した研究会の最初の十数回を私が共編著としてまとめたのが、『資本主義はどこに向かうのか――資本主義と人間の未来』(日本評論社)です。

また、こうした研究会の問題意識は、同書にも寄稿している、NHKエンタープライズの丸山俊一プロデューサーのテレビ番組『欲望の資本主義』シリーズとも共通するものです。序章でも述べましたが、現代のマーケティングについても、消費者が本当に欲しいかどうかわからないものを、あるいは本当は必要でもないものを、「あなたが欲しいものはこれですよ」と強調し、もともとはさほど強くもなかった欲望を掻き立てている面があると感じています。

某大手広告代理店の昔の社訓に、「もっと使わせろ　捨てさせろ　無駄遣いさせろ……」というものがあったそうですが、現実のビジネスを見れば、「こんなものを持っていないと恥ずかしいですよ」「ある程度の年齢になったらこうでないと笑われますよ」というように、人間の小さな欲望を無理やり増幅させて商売にしている面があるのではないでしょうか。

本書のテーマである読書に寄せて言うと、冒頭の「何を読めばよいですか?」という問いに対して、まったく関係のない他人が「あなたが好きなものを教えてあげましょう」と言って、無理やり需要をつくっていく感じです。

読書は「人間関係」の一部

私は、人間にとっては「誰と付き合うか」がいちばん大事なことだと考えています。

これは、コネがあると出世するとかいう矮小な意味ではなく、「誰と付き合うか」というのは、人間形成のあり方そのものだからです。

先に紹介した『2025年日本経済再生戦略――国にも組織にも頼らない力が日本を救う』で、冨山氏はこう述べています。


大学のギルドが崩壊した以上、個人にとって一番大事になるのは、「どの大学に行ったか」「卒業してどの会社に入ったか」ではなく、「大学を出た後に誰とつき合うか」だ。

本当の意味で頭のいい人たち、おもしろい人たちとつき合えるか。優れた部分、熱くなっている分野が互いに異なり、高め合える人たちと絡める空間に身を置けるか。ここで人生のおもしろみや充実度が、決定的に左右されるといっていい。

最近は、「どうすれば東大に入れるか？」といったネット記事をよく見かけますが、言えば言うほど逆説的に東大の凋落を物語っているような気がします。そのような若者や親たちには、人生は短いのだから、もっと別なことに目を向けたほうがよいですよとアドバイスしたいと思います。

これまで述べてきたように、人間は仮に肉体という意味では独立した存在であっても、精神的には孤立した存在ではなく、社会においては他者とのつながりの中でのみ生きられます。そして、「自分」というのはその「関係性」も含めた全体像を意味しているのです。ですから、「誰と付き合うか」というのは、言うなれば「自分という存在をどう構築するか？」という重大な問題なのです。

私が本書において読書を勧めてきたのも、東大を番組タイトルに冠したクイズ番組のような知識を誇ることではなく、そうした関係性の構築の一環としてなのです。

誰かに「正しさ」を与えられる人になるな

自分というのは、その関係性も含めた全体像のことだと言いましたが、そこでは何よりもまず、つねに「人間としてどうなのか？」という問題意識が問われます。さもなければ、人間はすぐに何らかの形や枠組みにとらわれて、人間性を失っていきやすい生きものだからです。

その典型的な例を示しているのが、ナチスのユダヤ人移送局長官だったアドルフ・アイヒマンの裁判について書かれた、ドイツ出身の政治哲学者ハンナ・アーレントの『エルサレムのアイヒマン――悪の陳腐さについての報告』（みすず書房）です。

アイヒマンは、アウシュヴィッツ強制収容所へのユダヤ人大量移送について、自分は国が法律で定めたことに従っただけであり、無罪だと主張します。まじめに自らの行いを振り返ってみれば、何百万人というユダヤ人殺害に積極的にかかわっておいて無実であるわけがないのですが、そのように堂々と言い切ってしまうのです。

要するに、自分の人間としての心をどこかに閉じ込めてしまい、役割だけを果たす機械のようになってしまっているわけです。これこそがまさに、システムに自分という存在が丸ごと絡め取られてしまった状態です。

ホロコーストほど極端な例でなくても、ただ会社から言われたとおりに働く、会社のルールがそうなっているからそうする、自分は与えられた役割を果たしているだけで、そのルールさえ守っていれば自分には何の責任もない……たとえどんなに相手が困っていても。

――会社でも役所でも、こうした態度を見かけることは、私たちの日常の風景としてそれほど珍しいことではありません。

自分の中に何の基軸もなく、宿り木のように何かに寄生しなければ生きていけない……その行き着く先は、まさにアイヒマンの姿とオーバーラップします。

もちろん、人はそれぞれ自分の好きなように生きればよいのですが、どこかの誰かに「正しさ」を与えてもらわなければ生きられない人が増えていけば、ヒトラーのような人物が「正しさ」を与えたときに、人間としてもっとも大事にしなければならないものを忘れてしまい、どんなに非人間的なことをしても気づかない人間になってしまう恐れがあるのです。

たとえば最近の日本では、入国管理局や税関、出入国在留管理庁などでの外国人に対する拘束・取り調べ・送還・収容などにおいて人権侵害が行われていることが、国際問題にまで発展しています。

こうした状況を見るにつけ、この国では外国人は本当に「人間」として扱われているのだろうかという疑問を抱いてしまいます。規則だとかなんだとか言う前に、もっと考えなければならないことがあるだろうと。

これは、日本で働く外国籍の人たちから聞かれることなのですが、日本人は普段はとても優しくてよい人たちなのに、いざ仕事となると急に人が変わったように冷たくなり、同僚や部下に対する態度や対応が豹変することが多くて、とても驚くそうです。与えられた役回りを忠実に果たそうとするばかりに、決して失ってはならない人としての基本を忘れてしまうのでしょう。

このように、**社会的な動物である人間は、特定の仕組みや組織の中に長く身を置いていると、簡単にそのような人間性を失った状態に陥ってしまう可能性がある**のです。

人間にもっとも影響を与えるのは人間

本書の最後に、もう一度、読書の話に戻ります。

生まれ持った「知りたい」という気持ちと丁寧に向き合い、特定の枠組みにとらわれな

い、**自らの基軸を持った人間になること。**そのようなときに、読書は自分を解放してくれるひとつのきっかけになるとお伝えしてきました。

アダム・スミスが指摘するように、人間にはたとえば赤ん坊が泣いていたらかわいそうだと感じたり、道で人が倒れていたら助けてあげなければと思ったりするような、持って生まれた共感という感情があります。

その感情がなぜ生じるのかについては、ミラーニューロンという神経細胞の存在など、科学的にはいろいろと説明がつくとは思います。これについては、イタリアの神経生理学者であるジャコモ・リゾラッティらの『ミラーニューロン』(紀伊國屋書店)にくわしく書かれていますので、ぜひ一読してみてください。このように、人間には他者に共感するという、持って生まれた本性があるのは間違いないようです。

そこから派生して、私は「人間がもっとも影響を受けるのは人間から」だと考えています。それは先に述べた、人間にとって「誰と付き合うか」がいちばん大事だという話にもつながっています。

キリスト教思想家だった内村鑑三は、その代表的著書『後世への最大遺物』(岩波文庫)の中で、**ある人の生き方が他人によい影響を与えること、それが後世への最大遺物である**

と述べています。

この本は、1894年に内村が箱根の芦ノ湖畔のキリスト教徒夏期学校で行った、学生たちに向けた講演記録です。

同書ではまず、自分に命をくれたこの美しい地球、この美しい国、この楽しい社会、育ててくれた山、川、これらに何も遺さずに死にたくないとの思いが語られます。そして、後世に遺していく価値あるものとして、金、事業、思想を順番に説明していきます。

そのうえで、最終的に誰にでも遺せるものとしてたどりつくのは、「勇ましい高尚なる生涯」であるというのです。これなら誰であっても、どんな境遇であっても遺すことができる。そして、金や事業のように、ときに有害になることもないとして、次のように述べます。

> 私が考えてみますに人間が後世に遺すことのできる、そうしてこれは誰にも遺すことのできるところの遺物で、利益ばかりあって害のない遺物がある。それは何であるかならば勇ましい高尚なる生涯であると思います。（中略）すなわちこの世の中はこれはけっして悪魔が支配する世の中にあらずして、神が支配する世の中であるということを信ずることである。失望の世の中にあらずして、希望の世の中であることを信ずる

ことである。この世の中は悲嘆の世の中でなくして、歓喜の世の中であるという考えをわれわれの生涯に実行して、その生涯を世の中への贈物としてこの世を去るということであります。その遺物は誰にも遺すことのできる遺物ではないかと思う。

人との対話の延長線上に本がある

人間がもっとも影響を受けるのは人間だという意味では、まさに読書もその一部です。すでにこの世にいない人や、別の国に住んでいる人の言葉や考え方を読むことで、それこそ何十時間、何百時間とその人との対話を独占することができます。

確かに生身の人間から受ける影響は大きいですが、一生のうちに実際に会える人の数はかなり限られています。

しかし、本ならこれまで生きてきたすべての人たちの知の集大成にアクセスし、対話することができます。そうした意味で、人間との対話の延長線上に本があるのだと考えています。

ただ、世の中には「本を読まないとダメだ」というようなことを言う人がいますが、そこまで本を読むことが絶対的によいことだと決めつける必要もありません。本当に素晴らしい人との出会いが、何百冊、何千冊の本に匹敵するほどの影響力を持つこともあります。

ですから、本は手段のひとつだと考えればよいのです。どうすればたくさん読めるのか、どうすれば速く読めるのかということを追求するのは、本をたくさん読むことがよいことで、本を読むのが遅いのは悪いことだというような、特定の価値観という枠組みにとらわれてしまっているということです。

これに対して、**特定の枠組みにとらわれなくなること、自由な発想や生き方を獲得していくこと、その中で自分なりの基軸を確立すること、これこそが読書の価値なのです。**

読書は著者との対話であると同時に、それを踏まえた自分との対話であり、さらには自分を取り巻く社会との交流でもあります。

人間は肉体的にも精神的にも循環する大きなエコシステムの一部を成しており、決して孤立した存在ではありません。こうしたエコシステムは、歴史という時間軸の中で、過去数千年にわたって途切れることなく連綿と続いてきています。

生命誌研究者でJT生命誌研究館の中村桂子名誉館長は、『生命誌とは何か』（講談社学術文庫）の中で、38億年前に地球上に生命が誕生してから、どのように生命が展開していまに至ったかを研究する「生命誌」について語っています。そこでの基本的な考えは、「地球の生きものは、すべて38億年に生まれた最初の生命体を祖先とする仲間」であるというものです。

いま地球上には80億人の人々が暮らしていますが、第1章で述べたとおり、これまで生きてきた世界中の人たちを累計すると1100億人になるといわれています。そうしたすべての人たちとあなたをつないでくれるもの、それが本なのです。

そうした思いで、今日もまた新たな本を手に取って、本を通じて新たな出会いを見つけていただければと願っています。

おわりに

今回、本書を執筆する中で、改めて読書の奥深さについて思いをいたすことができました。

子どものころから何となく本を読み始めてそのまま大人になりましたが、読書の仕方について学校で習ったこともなければ、どこかでそれを学んだわけでもなく、60年以上の人生を振り返ってみると、独学でここまで来てしまいました。

強いて言えば、学位論文を作成する際に、どのような本を引用すればよいかとか、どのように引用すればよいかといったことは大学で学びましたが、そもそも本とどう向き合えばよいか、何のために本を読むのかといった、自分の生き方にまで至るような読書については、学んだことがありません。

もちろん、小学校から高校まで国語の授業はありましたし、その中でたくさんの本を読んできました。でも、授業という枠組みの中で与えられた本を読むのが前提で、そもそもなぜ先生から与えられた本を読まなければならないのかについて議論をしたことはありませんでした。

それで今回改めて思ったのが、子どもであれば、親御さんとお子さんで一緒に読書について話し合ってみる、大人であれば、自分自身で読書について振り返ってみることを、一度やってみたらどうでしょうかということです。

こうした基本的なことについてじっくり振り返ってみることで、改めて見えてくることが多いように思います。

私が本書の中で縷々訴えてきたように、読書が教養と密接に結びついたものだとすれば、与えられた本をただ無批判に読むというのは、スタート地点から反教養的な色彩を帯びていると言えるからです。

つまり、自らが知らず知らずのうちに置かれてしまっている、家族や学校や会社といった組織から社会や国家、さらには資本主義などの幅広い枠組みなどを無批判に受け止めるのではなく、その枠組みを自ら疑い、あえてずらしてみる、そうしたメタな認知能力を身につけるために読書がある、というのが私の一貫した主張だからです。

ヘーゲルが批判したような、18世紀のフランスの貴族階級が好んだ、社交の場としてのサロンでの「エスプリに富んだ会話」だけでは、ただの気の利いた貴族趣味的な会話で終わってしまいます。大切なのはただの言葉遊びではなく、その先にどのような生き方や世界を構想するかなのです。

読書についても、もしそのような知識に偏重した読み方しかできないのであれば、残念ながら「暇つぶしのための読書」で終わってしまいます。もちろん、暇つぶしがしたいから読書をするのだというはっきりとした目的があるのであれば、それは個人の時間の使い方の問題ですから、私がとやかく言うことではありません。

「はじめに」で述べたように、本書は「人間」に焦点を当てて読書を論じています。そこでいう人間とは、抽象的な概念としての「人間」ではなく、フランクルが『夜と霧』で語ったような個別具体的な人間、あなた自身を含む、生きているあるいはこれまで生きてきた生身の人間のことです。

読書を通じてあなたがあなた自身についての理解を深めることは、あなたの人間全体についての理解が深まることでもあります。そしてそれは、あなたの生き方や他者との交わり方に大きな影響を与えることになるはずです。

本書を手に取ってくださった方々には、読書を通じて人間に対する理解を深めることで、ぜひ、この先の「より善き人生」と「より善き社会」を築くことに活かしていただきたいと思います。

堀内　勉

参考文献

序章

『世界サブカルチャー史　欲望の系譜――アメリカ70－90s「超大国」の憂鬱』丸山俊一＋NHK「世界サブカルチャー史」制作班 著、祥伝社

『スティグリッツ PROGRESSIVE CAPITALISM』ジョセフ・E・スティグリッツ 著、山田美明 訳、東洋経済新報社

『ポスト・モダンの条件――知・社会・言語ゲーム』ジャン＝フランソワ・リオタール 著、小林康夫 訳、水声社

『社会契約論』ジャン＝ジャック・ルソー 著、桑原武夫ほか 訳、岩波文庫

『エミール』（上・中・下）ジャン＝ジャック・ルソー 著、今野一雄 訳、岩波文庫

『自由と規律――イギリスの学校生活』池田潔 著、岩波新書

『英国名門校の流儀――一流の人材をどう育てるか』松原直美 著、新潮新書

『自省録』マルクス・アウレリウス 著、神谷美恵子 訳、岩波文庫

『NHK「100分de名著」ブックス マルクス・アウレリウス 自省録――他者との共生はいかに可能か』岸見一郎 著、NHK出版

『統辞構造論』ノーム・チョムスキー 著、福井直樹ほか 訳、岩波文庫

『統辞理論の諸相――方法論序説』ノーム・チョムスキー 著、福井直樹ほか 訳、岩波文庫

『自由からの逃走』エーリッヒ・フロム 著、日高六郎 訳、東京創元社

『精神現象学』（上・下）ゲオルク・ヴィルヘルム・フリードリヒ・ヘーゲル 著、熊野純彦 訳、ちくま学芸文庫

第１章

『「低学歴国」ニッポン』日本経済新聞社編、日経プレミアムシリーズ
『哲学と宗教全史』出口治明 著、ダイヤモンド社
『独学大全 ――絶対に「学ぶこと」をあきらめたくない人のための55の技法』読書猿 著、ダイヤモンド社
『人新世の「資本論」』斎藤幸平、集英社新書
『HARD THINGS――答えがない難問と困難にきみはどう立ち向かうか』ベン・ホロウィッツ 著、滑川海彦ほか 訳、日経ＢＰ
『エンジェル投資家――リスクを大胆に取り巨額のリターンを得る人は何を見抜くのか』ジェイソン・カラカニス 著、滑川海彦ほか 訳、日経ＢＰ
『天才読書――世界一の富を築いたマスク、ベゾス、ゲイツが選ぶ１００冊』山崎良兵 著、日経ＢＰ
『人間不平等起源論』ジャン＝ジャック・ルソー 著、中山元 訳、光文社古典新訳文庫
『純粋理性批判』（上・中・下）イヌマエル・カント 著、篠田英雄 訳、岩波文庫
『形而上学』（上・下）アリストテレス 著、出隆 訳、岩波文庫
『自由論』ジョン・スチュアート・ミル 著、関口正司 訳、岩波文庫
『実践理性批判』イヌマエル・カント 著、波多野精一ほか 訳、岩波文庫
『ニコマコス倫理学』（上・下）アリストテレス 著、高田三郎 訳、岩波文庫
『幸福論』（１・２・３）カール・ヒルティ 著、草間平作ほか 訳、岩波文庫
『幸福論』アラン 著、神谷幹夫 訳、岩波文庫
『幸福論』ラッセル 著、安藤貞雄 訳、岩波文庫

『幸せのメカニズム ――実践・幸福学入門』 前野隆司 著、講談社現代新書
『「みんな違ってみんないい」のか？ ――相対主義と普遍主義の問題』 山口裕之 著、ちくまプリマー新書
『ヒューマン・ユニヴァーサルズ ――文化相対主義から普遍性の認識へ』 ドナルド・ブラウン 著、新曜社
『政治学』 アリストテレス 著、山本光雄 訳、岩波文庫
『レオナルド・ダ・ヴィンチの手記』（上・下） レオナルド・ダ・ヴィンチ 著、杉浦明平 訳、岩波文庫
『レオナルド・ダ・ヴィンチ』（上・下） ウォルター・アイザックソン 著、土方奈美 訳、文春文庫
『正しい本の読み方』 橋爪大三郎 著、講談社現代新書
『プロテスタンティズムの倫理と資本主義の精神』 マックス・ヴェーバー 著、大塚久雄ほか 訳、岩波文庫
『神曲』（全3巻） ダンテ 著、平川祐弘 訳、河出文庫
『幾山河 ――瀬島龍三回想録』 瀬島龍三 著、産経新聞社
『不毛地帯』（全5巻） 山崎豊子 著、新潮文庫
『夜と霧』 ヴィクトール・E・フランクル 著、池田香代子 訳、みすず書房

第２章

『宇宙は何でできているのか ――素粒子物理学で解く宇宙の謎』 村山斉 著、幻冬舎新書
『マルチバース宇宙論入門 ――私たちはなぜ〈この宇宙〉にいるのか』 野村泰紀 著、星海社新書
『意識をめぐる冒険』 クリストフ・コッホ 著、土谷尚嗣ほか 訳、岩波書店
『意識はいつ生まれるのか ――脳の謎に挑む統合情報理論』 ジュリオ・トノーニ、マルチェッロ・マッスィミーニ 著、花本和子 訳、亜紀書房
『死は存在しない ――最先端量子科学が示す新たな仮説』 田坂広志 著、光文社新書

『どんなことが起こってもこれだけは本当だ、ということ。──幕末・戦後・現在』加藤典洋 著、岩波書店
『支配の社会学』(全2巻) マックス・ウェーバー 著、世良晃志郎 訳、創文社
『ビジネスの未来 ──エコノミーにヒューマニティを取り戻す』山口周 著、プレジデント社
『ブラック・スワン ──不確実性とリスクの本質』(上・下) ナシーム・ニコラス・タレブ 著、望月衛 訳、ダイヤモンド社
『薔薇の名前』(上・下) ウンベルト・エーコ 著、河島英昭 訳、東京創元社
『ブルシット・ジョブ ──クソどうでもいい仕事の理論』デヴィッド・グレーバー 著、酒井隆史ほか 訳、岩波書店
『報徳記』高田高慶 述、岩波文庫

第3章

『LISTEN──知性豊かで創造力がある人になれる』ケイト・マーフィ 著、篠田真貴子 監訳、日経BP
『道徳感情論』(上・下) アダム・スミス 著、水田洋 訳、岩波文庫
『饗宴』プラトン 著、久保勉 訳、岩波文庫
『エピクロス ──教説と手紙』エピクロス 著、出隆ほか 訳、岩波文庫
『幸福な生について』『生の短さについて 他二篇』セネカ 著、大西英文 訳、岩波文庫
『語録 要録』エピクテトス 著、鹿野治助 訳、中公クラシックス
『人間本性論』(全3巻) デイヴィッド・ヒューム 著、木曾好能ほか 訳、法政大学出版局
『道徳哲学序説』フランシス・ハチソン 著、田中秀夫 訳、京都大学学術出版会
『蜂の寓話 ──私悪は公益なり』バーナード・デ・マンデヴィル 著、鈴木信雄 訳、日本経済評論社
『経済学原理』(全4巻) ジョン・スチュアート・ミル 著、末永茂喜 訳、岩波文庫

『自由と経済開発』アマルティア・セン著、石塚雅彦訳、日本経済新聞社
『39歳からのシン教養』成毛眞著、PHP研究所
『わが闘争』（上・下）アドルフ・ヒトラー著、平野一郎ほか訳、角川文庫
『時間は存在しない』カルロ・ロヴェッリ著、冨永星訳、NHK出版
『人生の短さについて 他二篇』セネカ著、茂手木元蔵訳、ワイド版岩波文庫
『読んでいない本について堂々と語る方法』ピエール・バイヤール著、大浦康介訳、ちくま学芸文庫
『読書について 他二篇』ショーペンハウエル著、斎藤忍随訳、岩波文庫

第4章

『貨幣論』岩井克人著、ちくま学芸文庫
『21世紀の貨幣論』フェリックス・マーティン著、遠藤真美訳、東洋経済新報社
『現代経済学の巨人たち――20世紀の人・時代・思想』日本経済新聞社編、日本経済新聞社
『資本論』（全9巻）カール・マルクス著、向坂逸郎訳、岩波文庫
『資本主義の終焉と歴史の危機』水野和夫著、集英社新書
『21世紀の資本』トマ・ピケティ著、山形浩生ほか訳、みすず書房
『国富論』（全4巻）アダム・スミス著、水田洋ほか訳、岩波文庫
『リヴァイアサン』（全2巻）トマス・ホッブズ著、永井道雄ほか訳、中公クラシックス
『アダム・スミス――「道徳感情論」と「国富論」の世界』堂目卓生著、中公新書
『資本主義と闘った男――宇沢弘文と経済学の世界』佐々木実著、講談社

『社会的共通資本』宇沢弘文 著、岩波新書
『経済学の宇宙』岩井克人 著、日経ビジネス人文庫
『会社はこれからどうなるのか』岩井克人 著、平凡社
『収容所群島』（全3巻）アレクサンドル・ソルジェニーツィン 著、木村浩 訳、新潮社
『ワイルド・スワン』ユン・チアン 著、土屋京子 訳、講談社＋α文庫
『国家』（上・下）プラトン 著、藤沢令夫 訳、岩波文庫
『論語』金谷治 訳、岩波文庫
『孫氏』金谷治 訳、岩波文庫
『2025年日本経済再生戦略 ――国にも組織にも頼らない力が日本を救う』成毛眞・冨山和彦 著、SB新書
『ラディカル・マーケット ――脱・私有財産の世紀』E・グレン・ワイル、エリック・A・ポズナー 著、遠藤真美 訳、東洋経済新報社
『創始者たち ――イーロン・マスク、ピーター・ティールと世界一のリスクテイカーたちの薄氷の伝説』ジミー・ソニ 著、櫻井祐子 訳、ダイヤモンド社
『資本主義はどこに向かうのか ――資本主義と人間の未来』堀内勉・小泉英明 編著、日本評論社
『エルサレムのアイヒマン ――悪の陳腐さについての報告』ハンナ・アーレント 著、大久保和郎 訳、みすず書房
『ミラーニューロン』ジャコモ・リゾラッティ、コラド・シニガリヤ 著、柴田裕之 訳、紀伊國屋書店
『後世への最大遺物・デンマルク国の話』内村鑑三 著、岩波文庫
『生命誌とは何か』中村桂子 著、講談社学術文庫

著　者：**堀内勉**（ほりうち・つとむ）
多摩大学大学院経営情報学研究科教授、多摩大学社会的投資研究所所長、一般社団法人100年企業戦略研究所所長。東京大学法学部卒業、ハーバード大学法律大学院修士課程修了、東京大学 Executive Management Program（東大EMP）修了。日本興業銀行（現みずほ銀行）、ゴールドマンサックス証券、森ビル・インベストメントマネジメント社長、森ビル取締役専務執行役員兼最高財務責任者（CFO）、アクアイグニス取締役会長等を歴任。現在は、社会変革推進財団評議員、川村文化芸術振興財団理事、アジアソサエティ・ジャパンセンター理事兼アート委員会共同委員長、田村学園理事・評議員、麻布学園評議員、ボルテックス取締役会長、経済同友会幹事、書評サイトHONZ レビュアーなどを務める傍ら、資本主義の研究をライフワークとして、多様な分野の学者やビジネスマンと「資本主義研究会」を主催している。
著書に『読書大全 世界のビジネスリーダーが読んでいる経済・哲学・歴史・科学200冊』（日経BP）、『コーポレートファイナンス実践講座』（中央経済社）、『ファイナンスの哲学』（ダイヤモンド社）、『資本主義はどこに向かうのか』（編著、日本評論社）などがある。

人生を変える読書
人類三千年の叡智を力に変える

2023年12月19日　第1刷発行
2024年3月7日　第2刷発行

著　者　　堀内　勉
発行人　　土屋　徹
編集人　　滝口勝弘
編集担当　神山光伸
発行所　　株式会社Gakken
　　　　　〒141-8416 東京都品川区西五反田2-11-8
印刷所　　中央精版印刷株式会社

●この本に関する各種お問い合わせ先
・本の内容については、下記サイトのお問い合わせフォームよりお願いします。
https://www.corp-gakken.co.jp/contact/
・在庫については　Tel 03-6431-1201（販売部）
・不良品（落丁、乱丁）については　Tel 0570-000577
学研業務センター　〒354-0045 埼玉県入間郡三芳町上富279-1
・上記以外のお問い合わせは　Tel 0570-056-710（学研グループ総合案内）